U0078768

世界哲學家叢書

慧　　遠

區　結　成　著

2000

東　大　圖　書　公　司　印　行

國家圖書館出版品預行編目資料

慧遠／區結成著.--初版二刷.--臺北
市：東大，民89
　面；　公分.--(世界哲學家叢書)
參考書目：面
ISBN 957-19-0121-0 (平裝)

網際網路位址　http://www.sanmin.com.tw

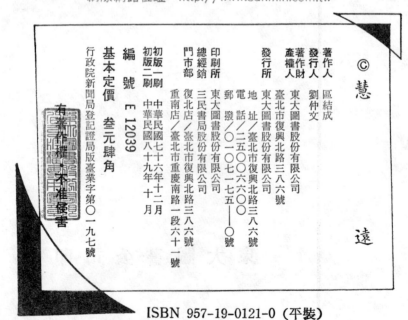

ⓒ　慧　　　遠

著 作 人　區結成
發 行 人　劉仲文
著作財
產權人　東大圖書股份有限公司
發 行 所　東大圖書股份有限公司
　　　　　地址／臺北市復興北路三八六號
　　　　　電話／二五○○六六○○
　　　　　郵撥／○一○七一七五──○號
印 刷 所　東大圖書股份有限公司
門 市 部　復北店／臺北市復興北路三八六號
總 經 銷　三民書局股份有限公司
　　　　　重南店／臺北市重慶南路一段六十一號
編　　號　E 12039
基本定價　叁元肆角
初版一刷　中華民國七十六年十二月
初版二刷　中華民國八十九年十月
行政院新聞局登記證局版臺業字第○一九七號

有著作權‧不准侵害

ISBN 957-19-0121-0 (平裝)

《世界哲學家叢書》總序

　　本叢書的出版計劃原先出於三民書局董事長劉振強先生多年來的構想，曾先向政通提出，並希望我們兩人共同負責主編工作。一九八四年二月底，偉勳應邀訪問香港中文大學哲學系，三月中旬順道來臺，即與政通拜訪劉先生，在三民書局二樓辦公室商談有關叢書出版的初步計劃。我們十分贊同劉先生的構想，認為此套叢書（預計百冊以上）如能順利完成，當是學術文化出版事業的一大創舉與突破，也就當場答應劉先生的誠懇邀請，共同擔任叢書主編。兩人私下也為叢書的計劃討論多次，擬定了「撰稿細則」，以求各書可循的統一規格，尤其在內容上特別要求各書必須包括 (1) 原哲學思想家的生平；(2) 時代背景與社會環境；(3) 思想傳承與改造；(4) 思想特徵及其獨創性；(5) 歷史地位；(6) 對後世的影響（包括歷代對他的評價），以及 (7) 思想的現代意義。

　　作為叢書主編，我們都了解到，以目前極有限的財源、人力與時間，要去完成多達三、四百冊的大規模而齊全的叢書，根本是不可能的事。光就人力一點來說，少數教授學者由於個人的某些困難（如筆債太多之類），不克參加；因此我們曾對較有餘力的簽約作者，暗示過繼續邀請他們多撰一兩本書的可能性。遺憾

的是，此刻在政治上整個中國仍然處於「一分為二」的艱苦狀態，加上馬列敎條的種種限制，我們不可能邀請大陸學者參與撰寫工作。不過到目前為止，我們已經獲得八十位以上海內外的學者精英全力支持，包括臺灣、香港、新加坡、澳洲、美國、西德與加拿大七個地區；難得的是，更包括了日本與大韓民國好多位名流學者加入叢書作者的陣容，增加不少叢書的國際光彩。韓國的國際退溪學會也在定期月刊《退溪學界消息》鄭重推薦叢書兩次，我們藉此機會表示謝意。

　　原則上，本叢書應該包括古今中外所有著名的哲學思想家，但是除了財源問題之外也有人才不足的實際困難。就西方哲學來說，一大半作者的專長與興趣都集中在現代哲學部門，反映著我們在近代哲學的專門人才不太充足。再就東方哲學而言，印度哲學部門很難找到適當的專家與作者；至於貫穿整個亞洲思想文化的佛敎部門，在中、韓兩國的佛敎思想家方面雖有十位左右的作者參加，日本佛敎與印度佛敎方面卻仍近乎空白。人才與作者最多的是在儒家思想家這個部門，包括中、韓、日三國的儒學發展在內，最能令人滿意。總之，我們尋找叢書作者所遭遇到的這些困難，對於我們有一學術研究的重要啓示（或不如說是警號）：我們在印度思想、日本佛敎以及西方哲學方面至今仍無高度的研究成果，我們必須早日設法彌補這些方面的人才缺失，以便提高我們的學術水平。相比之下，鄰邦日本一百多年來已造就了東西方哲學幾乎每一部門的專家學者，足資借鏡，有待我們迎頭趕上。

　　以儒、道、佛三家為主的中國哲學，可以說是傳統中國思想與文化的本有根基，有待我們經過一番批判的繼承與創造的發

展，重新提高它在世界哲學應有的地位。為了解決此一時代課題，我們實有必要重新比較中國哲學與（包括西方與日、韓、印等東方國家在內的）外國哲學的優劣長短，從中設法開闢一條合乎未來中國所需求的哲學理路。我們衷心盼望，本叢書將有助於讀者對此時代課題的深切關注與反思，且有助於中外哲學之間更進一步的交流與會通。

　　最後，我們應該強調，中國目前雖仍處於「一分為二」的政治局面，但是海峽兩岸的每一知識份子都應具有「文化中國」的共識共認，為了祖國傳統思想與文化的繼往開來承擔一份責任，這也是我們主編《世界哲學家叢書》的一大旨趣。

傅偉勳　韋政通

一九八六年五月四日

自　序

　　印度佛教雖然自漢代巳經通過經典翻譯流入中國，但是要到兩晉才在中國思想界與社會上引起重要的迴響。從文化遇合的角度看，東晉時代的慧遠是一位特別重要的僧人。慧遠具有一種當世少見的自覺擔負意識。終其一生，慧遠努力思考、探究佛教在中土生根時激發的各種思想與社會、政治問題，希望提出紓解之道。他的擔負意識反映在廬山的僧團事業上，亦貫注在其整體佛學之中。因為思路離不開佛教如何面對時代的問題，慧遠的佛學富於文化意識而缺乏純粹思辯的哲學性格。這形成了他的佛學的局限，但正好讓我們窺見晉代佛教遭遇的整體困難。慧遠的一生竟成了當代佛教的縮影。

　　本書選擇以一文化史及思想史的角度看慧遠，而捨棄純粹的哲學或宗教的觀點，因為這樣觀察慧遠的言行與著作，特別能夠顯出慧遠全幅的生命和他在晉代佛教扮演的角色。全書共十一章。首二章分析觀察慧遠的各種可能角度和綜論晉代佛教面對的時代環境。三至五章論述慧遠的生命方向與言行活動，特別注意探討他備受後世誤解的政治活動。六至十章析論其佛學思想，而以一綜合的討論作結。

　　本書初稿原為一九八四至八六年在香港佛教法住學會修讀研

究課程的論文，在霍韜晦先生指導下完成，初稿部份曾在《法言》季刊發表。此後復得唐端正先生、李潤生先生、劉國強先生提供意見，乃增補改寫而成定稿。在此謹向諸位先生表達謝意。此外，內子淑敏協助謄抄校讀的工作之外，在過去三年中給予未嘗或斷的鼓勵和支持，所感尤難以謝言之。

　　此書之作，實是一段奇怪的因緣。七、八年前在美修習醫科時，因為思索一些文化問題而接觸到已故唐君毅先生的著作。唐先生去世後，在《鵝湖》月刊讀到霍韜晦先生悼念唐先生的文章，心有所感，才生從霍先生習學之意，孰料竟以此書為一小段落的標記。因緣際會，並記於此，是為序。

區結成

一九八七年一月十六日於香港清麗苑

(廬山)慧遠　目次

第一章　引言——怎樣看慧遠？

中國佛教史上有兩位著名的僧人同以慧遠爲法號。晚出的一位在隋初住於長安淨影寺，人稱淨影慧遠（521?-592 A. D.）；本書主角則是比他早出近兩百年，生於東晉時代的廬山慧遠（334-416 A. D.）。慧遠常與廬山並稱，因爲他從五十歲入山之後，一直止息山中直至八十三歲示寂。他在山中至死不輟的弘法活動使廬山成爲當時南方佛教兩個最重要的中心之一（另一中心是建康），與北方的長安、洛陽遙相呼應。慧遠在中國佛教史的地位，與他在南方弘揚佛法的工作是不可分的。

一、慧遠是否屬於淨土宗？

後世佛教徒追思慧遠，尊奉他做中國淨土宗的始祖。淨土宗是中國佛教諸宗流傳至今在民間最盛行的一宗，特點是唸誦阿彌陀佛名號發願，祈求往生西方淨土。慧遠被奉爲始祖，地位之尊崇可知。然而把慧遠規限爲一個信奉阿彌陀佛淨土的僧人，可能是誤導的。考察慧遠的整體哲學思想和言行事業，不容易完全以淨土信仰概括。另一個問題是，淨土宗的三部經典《阿彌陀經》（410 年譯出）、《新無量壽經》（421 年譯出）和《觀無量壽經》

(424年譯出) 在慧遠去世前後才相繼譯出流行。在這以前，無量壽經雖有舊譯（三國時代支謙譯爲《大阿彌陀經》），並沒有受到太大重視，也沒有證據顯示慧遠曾深入研究彌陀經典。淨土宗的確立，其實始於北魏曇鸞（476-542 A. D.）。由曇鸞創立流傳至今的淨土宗，是以「稱名念佛」爲修持方法。慧遠被遠追爲初祖的根據是他在廬山般若精舍中供奉了阿彌陀佛像，並曾與僧人、士俗共同發願往生阿彌陀淨土。在修持工夫上，慧遠採用的方式是基於《般舟三昧經》的「觀想念佛」，也就是在禪定中觀諸佛現前，並不若後世「稱名念佛」那樣以口唸誦。當然，可以說，修持方式不同，根本的發願往生的精神仍是相同的。這種發願之情，在慧遠的思想言行中亦的確有重要的位置。但是以「淨土宗始祖」的尊號來概括、了解慧遠，終是可爭議的。

在慧遠的時代，最流行的佛典並不是淨土經典而是般若經典。「般若」是梵文 prajñā 音譯，意指究竟智慧。般若經典在印度的出現是在公元前後，在公元二、三世紀已在中國譯傳，漸與老莊玄理相互附會發明而流行於當代思想界。慧遠的老師道安（312-385 A. D.）是開創中國佛學系統性研究的一代大師，他最致力研究的就是般若之學。這樣依據師承，慧遠似乎應被視爲般若學的傳人。

二、視慧遠爲般若學者的困難

用哲學史的眼光把慧遠視爲般若學者，與前面說以佛教徒眼光奉慧遠爲淨土宗始祖同樣會發生困難。晉代的般若學一般被劃分爲「六家七宗」，❶ 根據是唐代元康《肇論疏》所引劉宋釋曇

濟的《六家七宗論》。在六家七宗之中，隋代吉藏《中觀論疏》將道安列為「本無義」。這樣看，慧遠就被納入乃師的般若本無宗去了。問題還不在這裏。慧遠同代人僧肇著作《肇論》，其中〈不眞空論〉一篇提及本無、卽色、心無三家並批評三家之不足。這樣，道安的本無義被放置做僧肇破斥的對象，僧肇的思想就成了量度的尺度。慧遠旣為道安弟子，又曾在其著作中談論般若性空之義，後世論其思想，便免不了要用僧肇的標準來量度他思想的高低，而顯出慧遠不及僧肇之處。❷

誠然，以般若哲學為量度標準，慧遠比起僧肇，可以說是有所不如。可是問題不在兩者孰高孰低，而在於：慧遠的思想未必能納入般若學來理解。

慧遠年輕時參加過一場般若學的辯論。當時他只有二十四歲，經已鋒芒畢露。但是，此後他基本上未再直接參與此一類玄談辯論，亦不建構個人的純思辯的哲學體系以標舉於世。❸ 在中

---

❶ 「六家七宗」中「六家」指本無、卽色、識含、幻化、心無、緣會六家。其中「本無」一家分出「本無異」別宗，合稱「七宗」。七宗的代表僧人有各種說法，參見湯用彤《漢魏兩晉南北朝佛教史》第九章。各宗之扼要思想見勞思光《中國哲學史・卷二》第三章。

❷ 勞思光氏討論慧遠了解之般若不及僧肇的地方，甚為淸晰。同上註頁二七四。湯用彤氏不批評高低，但謂「遠公之佛學宗旨亦在般若」。（同上註頁二五六）若以般若為慧遠佛學宗旨，則勞氏之結論乃不可免。

❸ 唯一的例外可能是《法性論》。觀其題，此論應為一理論性的文章，然而不幸亡佚。《高僧傳》只引其中「至極以不變為性，得性以體極為宗」兩句。然慧遠在《大智度論鈔序》曾討論「法性」問題。觀其旨要，似可通於現存的《沙門不敬王者論》所顯示的思想。

年離開乃師道安南下廬山之後，慧遠的種種言行活動尤其不能通過般若學的觀點去理解。換句話說，要了解慧遠的全幅生命：他的哲學思想、人格襟懷、言行事業，採用般若學觀點作爲入路引起很大的困難。勞思光先生在《中國哲學史・卷二》討論慧遠時，顯然注意到這個問題，因而指出「基本上慧遠乃一佛教運動者，而非一理論建立者」（273頁）。但他依然是用般若學的標準量度慧遠，因而以爲慧遠與衆僧俗立誓往生淨土，是「落至凡俗一流，不待深論」（275頁）。這是以「般若性空」之義作爲「基源問題」來考察慧遠思想引出的合理評斷，却不利於探討慧遠許多「凡俗」活動的內在意義與思想根據。

三、以綜合的眼光看慧遠

慧遠的思想與言行表面看頗爲駁雜，不容易見出內在的相關性與一貫性。學者討論慧遠，每每分列條陳他修持、弘法、護僧、與士俗交往、和政治當權者周旋各種活動，而不試圖將這衆多雜出的活動與他的思想信仰和人格襟懷綜合處理。湯用彤先生《漢魏兩晉南北朝佛教史》和方立天先生《魏晉南北朝佛教論叢》書中論述慧遠部份，多可見這樣分列條陳的敍述方式，而爲衆多活動一一分別作評語。韋政通先生《中國思想史》書中論慧遠，則以「學行兼修」、「禪淨雙修」來綜合慧遠的主要活動。不過，說「兼修」、「雙修」，其實仍只是描述慧遠對多方面的兼顧，並未探究慧遠信仰、思想、言行、胸懷各方面的內在關聯與一貫性。

本書試行在敍述慧遠種種活動的同時，探討這內在的關聯與

一貫性質，從而顯出慧遠在他的時代環境與佛教時流中展示的全幅生命。這樣的探討是否可能，也是可爭議的。可爭議的地方最少有兩點：一是慧遠本身是否有其「一以貫之」的性格？倘若慧遠根本不重貫通，但求多得兼收，則他的種種活動，固並沒有綜合探究的需要。二是慧遠現存的著作只是他一生著作的小部份；❹其中到底有沒有足夠的資料「證明」一千六百年前的慧遠是怎樣的一位僧人？

　　對於第一點，可以注意的是：據《高僧傳・慧遠傳》和側面的資料如《世說新語》，慧遠是以謹守佛教立場、貫徹始終而見著於後世。最淺近的例子是後世多稱頌他中年以後「足不出廬山」，暗示出他不逐流、不騖遠的性情。另一例是在他的著作中，常可見相同的觀點出現在不同的文章之中。現存著作裏面最重要的是《沙門不敬王者論五篇並序》。論中試圖貫通僧人的行持出處、宗教理想和哲學根據，顯示出慧遠自覺的綜合努力。這些努力未必完全成功──他建造的內在關係不無相互衝突的部份──但他並非不自覺地但求兼採一切佛教思想與修持方式，而任由自己的思想言行陷於四分五裂，則甚為顯見。

　　第二點可爭議的是慧遠著作既多亡佚，我們如何能夠知道現存部份能為活在晉代的慧遠的「全幅生命」提供歷史的證明？事實上，即使慧遠全部著作被完整地保存至今，我們仍不能「證明」慧遠當日的確是這樣一位僧人。完全「客觀真實」的慧遠是不能被證明的。本書論述慧遠，毋寧是試圖為他的宗教信仰、哲學思

---

❹ 據《高僧傳・慧遠傳》，慧遠死後著作曾被集為十卷五十餘篇。現存的文章則只有五篇論文，一些經序、書信和銘、贊、遊記、詩偈等，散見於《弘明集》、《廣弘明集》和《出三藏記集》。

想、人格胸懷、言行事業提供一個「綜合的解釋」。這樣的解釋，只要能貫通現存有關慧遠的材料，又有助我們洞見慧遠言行思想的內在脈絡，就可說是有效的和有意義的解釋，並不涉及「客觀的證明」問題。

通過慧遠本人的著作來建立綜合的解釋，還有一點限制須留意。在慧遠現存的著作中，除了一篇較不重要的佛像讚序成於四十二歲，其餘的一無例外著於五十歲遁迹廬山之後。也卽是說，著作只能提供他思想成熟後的一個「橫剖面」；對他早年的生命方向的了解則只能依靠第三者的記述，這主要是梁朝釋慧皎《高僧傳》和其他一些零星的傳、記之類。資料並不多，對個人性格與內心掙扎的描寫尤不著重；幸而其中仍有不少富啓示性的記述。這些記述每每涉及慧遠處身在某一處境或生命轉折時的自處方式或方向抉擇，也可以說是他生命中一些「關鍵性事件」。把慧遠的抉擇取捨對照其他僧人在相似的環境下作出的迥然不同的抉擇，就可以擬想出慧遠當時的心情、掙扎或考慮，從此縱觀他如何開出自己的生命方向。這可以說是一種「想像力的建築」，但是並非憑空的想像。有趣的是，這樣「縱觀」他早期生命方向的發展，恰巧可以通向他晚年著作所顯示的「橫剖面」，從而讓我們得以完成對慧遠一生綜合的解釋。

本書前半部份，就是把慧遠放置到時代環境中來考察，描述他的生命方向，後半部份敍述他在廬山的活動的同時，也透過對他的著作的分析以求發現他思想言行與人格的內在關係。

四、隱居的吊詭

在開始論述慧遠一生之前，還可先在此提出他生命中一大吊詭：慧遠選擇隱遯廬山，終身不出；但是他的言行事業，却常面對着時代，全不似一般人想像中避世的隱士形象。甚至可以說，他的「隱遯」本身也是面對着時代佛教環境所作的抉擇，而非為了逃避現實。似隱而非隱，即是慧遠生命的吊詭。本書終結部份綜合解釋慧遠一生時，我們會重拾這個問題。

書後附錄了慧遠的年表，和他現存著作中最具思想性的《沙門不敬王者論》五篇中第三、五兩篇，並筆者註釋。這兩篇具有較為完整的哲學內容，故存錄於此。

下面一章描述慧遠時代的思想環境和佛教面對的問題；第三章簡述慧遠生平並擷取其中的「關鍵性事件」加以分析；顯示慧遠如何開出他的生命方向。

第二章　慧遠時代的中國佛教

　　慧遠生於東晉初年。從西晉末到東晉，是中國歷史上的大混亂時期，亦是佛教在中國生根的時期。慧遠一生的言行、思想、事業，常常是面對着這個混亂時代與生根中的佛教所遭遇的問題，而作出反應、試圖開闢方向。析述這段時期的中國佛教，將有助於了解慧遠的一生。

一、漢魏之間的中國佛教

　　佛教在漢代傳入中國，然而到兩晉之間才生根。「生根」是一個籠統的字眼，不過也有它的恰切性。漢代的中國佛教，主要限於零星的宮廷、王族信仰，且常與道家混淆。《後漢書》卷72記載漢明帝（58-75 A. D. 在位）的異母胞弟楚王英供養「伊蒲塞」（upāsaka，今譯優婆塞，即居家的男性佛教徒）與「桑門」（即沙門，出家之僧人），「誦黃老之微言，尚浮屠之仁祠」。僧人處於被供養的作客地位，並不試圖辨析佛教與黃老，祠祀與齋儀之別。往下一百年至漢桓帝（146-167 在位），佛教仍然與黃老不分。山東人襄楷在 166 年上疏桓帝，勸諫他去欲戒殺，把佛老一併說成是清虛、貴無爲、好生惡殺、省欲去奢。湯用彤先生因

此認爲「佛教在漢代不過爲道術之一。」❶漢代佛教旣然不辨佛老，不論如何受帝王尊奉，都難說是已經在中國生根。

要生根於中國，佛教似乎最少要做到兩點：一是標舉出佛義與中國固有思想不同之處，顯示出自己的獨特性；二要建立一種能在長時期被本土文化容納、理解的價值理想與生活方式，爲自己的長期存在提供合理性。漢代的僧人顯然未能兼顧這兩點。依附帝王、不辨佛老，可說是爲了追求「被容納」而喪失自己的獨特性；一些嚴謹的西域僧人如安世高、支婁伽讖（俱約生於二世紀）不曲從黃老，譯出重要的佛典，其義理却不能爲時代眞正理解與接受，可說是保存了佛教獨特性而未曾建立能爲中國人理解的存在價值。

卽使到三國時代，情況仍未有改善。公元 247 年，原籍康居（今新疆北部）生於交趾（今北越地區）的僧人康僧會（?–280）來到吳都建業結庵修行，有人向孫權進讒，指康僧會貌服奇異，須予嚴查。孫權決定不查禁，然而並非眞的了解佛教，只是因爲康僧會有靈驗的舍利。康僧會本身是一位有學養的僧人，但他能在中國立足與其佛學修養無關。幾乎與他同時，天竺律學沙門曇柯迦羅在 250 年來到洛陽，譯出戒律《僧祇戒心》，中國佛教徒至此才有了較完整的、有別於傳統祠祀的齋供禮儀與生活規範。在戒律譯出之前，中國僧人出家只知剪髮，甚至不知正式的受戒儀式。可見在傳入中國最少已近二百年的當時，佛教仍未能樹立自己的旗幟，離開穩固生根的階段仍遠！

---

❶　參見湯氏《漢魏兩晉南北朝佛教史》上卷頁七六。

二、佛教在兩晉生根的原因

　　漢魏至西晉的僧人——特別是西域來僧與一些祖籍西域但生於中土的僧人——最主要的貢獻是譯出大量佛教經典。佛典的翻譯與流傳研究，使原來借釋老共祠以容身的佛教得以逐漸轉變爲探求義理的佛學。佛典之中，大乘般若經典裏「空」的哲學特別有助於僧人離開宮廷供養，走進老莊玄風日盛的思想界。西晉末的般若學出現六家七宗的熱鬧情況，可以說是般若思想與老莊玄學相摩盪的結果。事實上，不少兩晉僧人大受談玄名士歡迎，成爲談座上乃至出遊宴飲的貴賓。僧人爲知識階層容納、賞識，對佛教在中國社會生根有重要的意義。

　　佛教何以能在中國生根，歷來論者很多，❷ 也溢出本書的論述範圍。然而，其中兩點常被論及的原因特別能顯出慧遠生時中國佛教的處境與面對的問題，值得在這裏析論。這兩個原因是：（一）漢至東晉一百多年，特別是西晉末八王之亂（291–306）之後，政治混亂，戰爭不絕，加上旱蝗災禍頻仍，民不聊生，有利佛教傳播。（二）儒學與名教在漢末衰落，思想界出現混亂，知識階層另行摸索人生方向，而歸趨於周易與老莊，玄風興起，成爲佛學生根的契機。要是儒學正統不墜，佛教恐難避免停滯在一道術與神祀地位。從這兩點看，佛教幾乎可以說是「乘亂而入」，環境有利，生根顯得理所當然。

---

❷　參見上書第五章。韋政通：《中國思想史》第二十一章對此問題亦有詳細綜述。此外可參考任繼愈編：《中國佛教史》卷一與日人中村元：《中國佛教發展史》卷上。

三、晉代佛教面對的危機

　　不過，稍微深究，即可發現：契機正是危機所在。兩點「有利」因素都引起許多困難，成爲僧人領袖如慧遠不得不處理的重大問題。

　　先說混亂世局提供的方便和引起的問題。西晉國祚短促，立國後花了十五年才統一全國；之後只有短短三十五年便亡於匈奴劉氏的前趙。此後，晉室避地江左，稱爲東晉，實質上只是一個偏安南方的政權；北方則成爲五胡相互攻伐焚掠，踐踏人民的戰場與災場。慧遠的前半生便在這混亂的北地度過。佛教在北方的胡族治下日益興盛。氐族前秦苻堅曾奉道安（314-385）；匈奴後趙石勒與石虎曾寵道安的老師佛圖澄（?-348）；羌族後秦姚興曾西域僧人鳩摩羅什（343-413）爲國師。胡族比漢族易於容納佛教，主要是因爲少了一重華夷之辨的藩障。後趙石虎尊佛圖澄爲「大和尚」，並使羣臣向他禮拜。有大臣諫阻，認爲不合傳統，石虎斷然答：朕本亦胡人，當然祭禮戎神，更且下令准許百姓棄祠祀出家。（《高僧傳卷9・佛圖澄傳》）上行下效，佛教得以興盛。據說佛圖澄的徒衆有一萬多人。在百姓的立場，奉佛出家不失爲亂世中逃避徭役、求生計的一條出路。民衆爲避役出家者大不乏人，即使石虎自己也認爲其中恐「有非其人者」，下令查視眞僞。

　　僧人徒衆數目增加，固然可以看作一時一地佛教興盛的證明；長遠地考慮佛教在中國歷史上的命運，則似乎更須注意信衆的素質。僧團蕪雜，從後趙下至南北朝上下三百年，屢屢成爲朝臣、士人攻擊佛教的口實。前秦苻堅信奉佛教，亦曾下令汰洗沙

門；慧遠居廬山時期，大司馬桓玄下詔粹簡僧衆，慧遠亦不得不承認僧團中的確有良莠不齊的現象；齊代張融著《三破論》攻擊僧尼「聚斂百姓」乃至指佛教「入家破家，入國破國」；北魏太武帝（424-452 在位）與北周祖武帝（566-578 在位）時發生中國歷史上第一、二次大規模的毀佛事件，肇端雖在佛道兩教之爭，但顯然上承兩晉以來朝廷大夫對佛教蕪雜的普遍反感而來。❸

　　亂世中僧團蕪雜，其中有理想的僧人難以標舉佛教的尊嚴與存在價值，也就是較難在長時期內使佛教受社會尊重、接受。這是佛教生根時面對的一大問題。

四、僧人與王者之間的矛盾

　　戰禍與凋敝的民生不但把平民驅向佛寺，也迫使僧人依靠帝王與貴族（經濟上難以依賴俗衆捐奉來支持）。僧人面對帝王，引出來的問題是：應當如何自處？是否應行君臣或君民禮？佛圖澄被石虎尊為大和尚，後來的鳩摩羅什被姚興奉為國師，都不能視為解決問題的借鑒。這是因為姚興與石虎都是胡人，可以迴避中土傳統的君臣秩序。長遠而言，僧人總得面對漢族的統治者，不能避免綱常與秩序的問題。

　　在印度，僧人也不是自食其力，同樣要面對人主，但君臣秩序對僧人並不成為壓力。印度傳統中，在釋迦牟尼之前，負責祭祀的僧侶階級婆羅門（Brāhmana）和國王與武士階級刹帝利（ksatriya）同在種姓制度中處於尊貴地位。甚至，由於婆羅門身

---

❸ 晉南北朝佛教遭受的攻擊特別是僧團蕪雜的問題，可參閱孫廣德著《晉南北朝隋唐俗佛道爭論中之政治課題》第五章。臺灣中華。

爲神人之間的唯一溝通者，國王上受天命亦須倚靠婆羅門的祝禱，祭司的地位因而更高於國王。❹

　　佛敎在印度被婆羅門文化視爲異端，但在信奉佛敎的地區，僧人面對王者，依據印度崇僧侶的傳統，不必扮演養客的角色。在中國，僧人地位高於王者（甚至只是與王者平起平坐）是不可想像的。然而，兩晉之際的僧人又很難避免依附王者與貴族。慧遠的老師道安是一代的佛學大師，他在早年堅持在貧瘠的山西恒山刻苦弘敎，遇戰禍流徙依然講經不輟，但最後仍不得不喟歎：「今遭凶年，不依國主，則法事難立。」（《高僧傳卷五・道安傳》）短期而言，只須帝王奉佛，法事得立，僧人卽使在形式上屈侍王者亦似乎無關宏旨。可是長期處於養客地位，存亡興衰一任人主喜惡來決定，始終不是佛敎長久生存與開展的好辦法。慧遠在廬山時便遇上桓玄倡舉「沙門應當敬拜王者」的挑戰。他顯然深深了解到看似無足輕重的小小敬拜問題其實關係着佛敎長久的歷史命運，故而在桓玄死後著作《沙門不敬王者論》，對這問題再三致意。佛敎在亂世中如何面對王者，確是當時一個重要的問題。

五、亂世中經典研究之障礙

　　亂世引起的第三個問題是佛典譯本流傳受阻，不同的僧人先後譯出的經典難以集中一起，供系統性的校正與研究。早期佛敎的傳入得力於東來的西域僧人。他們有些來自小乘佛敎流行的地

❹ R. Thapar: *A History of India* Vol. 1. Pelican (1966) Reprint 1979 p. 38.

區如龜兹（今新疆庫居、沙雅二縣之間）、安息（今波斯一帶）、天竺（印度）；有些地區則主要信奉大乘佛教，如月氏（漢時在青海與新疆西部）、于闐（葱嶺以北之新疆西境）。從一開始，中國僧人就不分經典與僧人來源，籠統地把一切經典視爲聖典。佛教若要在思想的層面上在中國生根，就必須有僧人從事經典整集、比較、研究、貫通的工作，以求標舉出較爲清晰完整的思想體系。這方面用功最勤、成績最著的是道安。他在襄陽生活的十多年（365-379）中，校訂經典，編纂經錄，撰作經序提示經典旨要，成《綜理衆經目錄》一卷。❺ 這是全無憑藉的艱巨開拓工作，在亂世中尤其困難重要。

　　從漢末到東晉，中原地區陷於戰火的時間幾乎與喘息暫定時間各佔其半。以洛陽爲例，其間被焚城不只一次，用作戰場的時候更多。在東漢桓帝時，安世高、支婁伽讖和稍後的支謙等僧人本已在洛陽譯出重要的大小乘經典，奠下基礎，但是大部份經典却在董卓之亂中散失或被帶往南方。兩晉時代，烽烟更盛。世亂道阻，使遠方經典的蒐集加倍困難。一個例子是竺法護在 286年已在長安譯出《光讚般若經》。至道安時，經本却輾轉流到甘肅、涼州一帶，在長安、洛陽兩地反而難尋，到 373 年僧人慧常西行求法到涼州抄得譯本，三年後才把抄本帶到洛陽，讓道安以之與後譯而先得的《放光般若經》作比較研究。

　　以上論及的三個問題：（一）亂世中僧團蕪雜；（二）僧人不依王者難以弘法；（三）戰亂破壞經典的整集研究工作，都說明了：亂世固然爲佛教提供了流傳的方便，但亦製做不少困難。

---

❺ 此書不幸亡佚。部份材料爲梁僧祐《出三藏記集經序》所採用，其中仍可窺見《安錄》的豐富。

慧遠的一生卽須面對佛敎在亂世時產生的這些問題。

六、玄學提供的方便

　　除了亂世，另一個常爲論者提出來，作爲解釋佛敎在兩晉生根的原因是：儒學正統衰落，玄風興起，接引了佛敎的義理。這一個「有利」因素，倘若分析一下，同樣蘊含着不少問題甚至危機。

　　玄風在魏正始年間（240-249）興起，揭開了一個新思想時代。漢末朝廷淫亂、宦官亂政繼而篡奪之風起，傳統的綱常名敎成爲一個空架子；東漢經學繁瑣無味的訓詁方法，更不能爲苦悶的知識階層提供任何有意義的人生啓示。在這樣的環境下，思想趨於自由解放，老莊之學乘時而興，開啓了全新的學術方向與人生觀。知識分子輕視形式化的儒學秩序，游心於老莊玄趣，直接探求形而上的天地萬物之「道」。玄談的高潮可以說是始於何晏（?195-249）、王弼（226-249），而以洛陽爲談論的中心。何、王俱主張「天地萬物皆以無爲本」（《晉書卷 43・王戎傳》），發揮老子「有生於無」之義。王弼特別揭示「得意忘象、得意忘言」的方法論。輕有貴無、捨末窮本，成爲以後數十年玄學淸談的思路。

　　得意忘象，輕有貴無的思路自然有助於大乘般若性空思想流行。不過，般若經典採用本末、有無的範疇顯然早在王、何之前。東漢支婁伽讖譯經時，就把《道行般若經》第十四品名爲〈本無品〉，以「本無」翻譯梵文 tathata（後譯爲「眞如」）。可見般若思想在玄學興盛之前已在中國流傳。雖然如此，僧人大

量地參與談座而在思想界佔上重要地位，的確是在西晉末年。《世說新語》中記載西晉的清談名僧很多，如支遁、竺法深、康僧淵等。時人且有以七位名僧比配竹林七賢的。❻ 湯用彤先生痛惜地說：「及至魏晉，玄學清談漸盛，中華學術面目爲之一變，而佛敎則更依附玄理，大爲士大夫所激賞。因是學術大柄，爲此外來之敎所篡奪。」❼「篡奪」一詞似乎有點太重，但佛學借玄風之盛在思想界生根則是事實。

七、玄學做成的困難

不過，也正如混亂世局提供的「方便」內裏隱伏著困難，依附玄理清談也造成不少問題。

問題之一是，僧人在談座上必須遷就清談的流行課題。也就是說，言必及老莊。即使僧人依據自己的佛學識見提出獨特見解，最終亦不過被視爲對老莊玄義的嶄新註腳。最顯著的例子是深受名士推崇的名僧支遁（號道林，314-366）。支遁精研大小品《般若》，又曾講《維摩詰經》和《首楞嚴經》。這些都是大乘佛學重要的經典。可是他爲時人樂道的，却是註《莊子‧逍遙遊》一篇。《世說‧文學篇》：「支道林在白馬寺中，將馮太常共語，因及逍遙，支卓然標新理於二宗之表（二宗指向秀、郭象二家），立異義於衆賢之外，皆是諸賢尋味之所不得，後遂用支

---

❻ 晉孫綽《道賢論》以法護、白法祖、法乘、竺道潛、支遁、竺法蘭、于道邃依次比配山濤、嵇康、王戎、劉伶、向秀、阮籍、阮咸。見韋政通《中國思想史》頁七二七。

❼ 同❶。頁八四。

理。」支遁能立異義於衆人之外，是因爲他別有佛學訓練，然而時人無意深究他的佛學。他標舉般若學「即色義」，行文已極近玄學，但當他以所作《即色遊玄論》示人，得到的反應却是「默不能語」。《世說・文學篇》同篇記述他爲衆人談佛家三乘之義❽，衆人聽罷自講，「入三便亂」。「三乘」之說本來並不牽涉複雜的理論，人尚且不解，可知僧人在談座上不論多受歡迎，始終離不開以老莊爲玄談的主題。這樣看，終日游於談座上的名僧是否眞有助於佛教樹立自己的義理以爲世人所知，是有可疑的。僧人在談座上處於作客的被動位置，言必及老莊，這是佛教依附玄學引起的第一個問題。

第二個問題關係到一點容易被人忽略的事實：玄風興起於正始年間，盛於向秀（227-272）、郭象（?-312）而衰於西晉末。❾依現存的資料看，僧人在談座上普遍受歡迎是在西晉末與東晉初玄風已趨近末期之時，並不在王弼、何晏時期。也就是說，僧人面對的其實是玄風末流的清談家。末期的玄風比起何、王時代有兩點顯著的不同：一是思想上漸漸遠離對具有理想性的「道」的探究而轉爲標舉適性、獨化與自然；二是在生活上從較嚴肅的談座論辯轉向於冶遊宴樂、閉門酣飲以至袒裼裸裎的放誕狂肆方

---

❽ 三乘指聲聞乘、緣覺乘、菩薩乘，是不同層次的得道法門。聲聞乘人由親聞如來聲教而悟道斷惑；緣覺乘人破除無明而自悟；菩薩乘人修六度行證得佛果，更不涅槃，要普渡衆生之後才自渡。這樣劃分三乘人，相信是大乘佛教爲凸顯菩薩之崇高地位而作出層次上的判別。

❾ 郭象死後，玄談界基本上不再出現具獨創性的思想家。韋氏《中國思想史》第十六章亦以正始（240年）到東晉初（318年）爲玄學時代的高潮期。

式。無論在思想上或生活上，風氣所趨都是以放誕、任性爲通於自然。佛教面對這末流的玄風，發生的問題是：難以標舉任何需要艱苦修養的理想境界。

在人生價值的取向而言，早期的玄學比較容易與佛教教義接頭。何晏、王弼時代的玄談雖然主要以老、易爲旨，但依然虛尊「聖人」。他們心目中的「聖人」不錯是換了內容，再不是儒家面目；可是至低限度是依然有凡聖層次可分，需要修養工夫才可達到的理想人格。王弼論聖人有喜怒哀樂，情與常人不異；勝於常人的地方則是在於「神明」。「神明茂，故能體冲和以通無」，故能「應物而不累於物。」（《三國志・魏志・鍾會傳》）「通於無」的聖人只能是道家的聖人，但清楚顯示出「聖人」是高一層次，修養才可達致的境界。這與佛教通過實踐修行以求解脫通向佛陀境界的思路是可相通的。玄風的後期，則倡舉一任己性，肆意放誕卽是「自然」，這便取消了修養的意義。放誕的作風在西晉初已有跡象，下至郭象註莊，提出「獨化」之說，更爲任性放誕提供了理論基礎。

郭象註莊影響一代玄風甚大。《世說・文學篇》就提到世人論莊子每不能拔出向秀、郭象之外。不過，郭象的註疏對《莊子》有頗爲嚴重的歪曲。（某一意義上也可以說是發展了《莊子》之義。）唐端正先生在〈齊物論郭注平議〉一文中對此有深刻的剖析。❿ 簡要言，郭註〈齊物論〉一篇，取消了作爲萬物本源的「道」，特主張萬物各自「獨化」。因爲各自獨化，無所謂本亦無所謂返本，萬物只要一任其物性便可以無待而逍遙。這種思

---

❿ 見唐端正：《先秦諸子論叢（續篇）》。頁八七～一一四。東大。
　　(1983)

路，把物性與理想人格混爲一談，亦卽泯滅了人生修養的意義；落在生活層面，則一切荒誕放肆都可以說是「獨化」、「自然」、「逍遙」。西晉末年清談名士的代表人物王澄、阮瞻等人「去巾幘、脫衣服、露醜惡、同禽獸。甚者名之爲通，次者名之爲達。」（《世說·德行篇》）至此縱恣與通達混爲一談。無所謂理想，無所謂修養，僧人在這樣的風氣中談佛義，容易成爲浮游無根之談，難於顯出其理想與價值。佛敎依附玄學——其實是末期的玄風——卽須處理這嚴重的困難。

八、格義佛學及其限制

慧遠的老師道安可以說是在放誕的頹風中爲僧團樹立風範的重要領袖。他一生始終嚴守僧人立場，不尙一般名士名僧的逍遙，也不作浮游無根的玄談，始終胁胁懇懇地從事譯典、研究、弘法工作。《高僧傳卷五·道安傳》引名士習鑿齒與謝安書，謂道安「多所博涉，內外羣書略皆遍睹。」要在清談座上贏一席位應不困難，但道安顯然無心成爲另一個名士色彩的僧人。他的工作是逆着時代風氣進行的。

不過，在僧團、寺院中固守僧人行持戒律比較容易；困難在於：要在思想界生根，始終需要以時人能理解的文字與概念把佛理表達出來。狹義而言，這僅是一個經典翻譯技巧的問題。道安曾感歎譯胡文爲秦語有「五失本、三不易」的危險不可不愼。⓫廣義言，就不單是如何翻譯文字，而牽涉到：如何以玄學的思想

⓫ 見道安《摩訶般若波羅蜜經鈔序》。載僧祐《出三藏記集經序》卷八。

範疇討論佛義而不致歪曲、混淆？這是依附玄學弘法的第三個困難。

　　以玄學比配佛學，方便時人理解，這種方法在當時稱爲「格義」。後來的學者有時甚至概括這個時期的佛敎爲「格義佛敎」。❶「格」，就是比擬、量度的意思。這種方法似乎是由稍先於道安的竺法雅正式提出。❸道安早年也善用格義之法。一個例子是他三十五歲左右時避亂於晉地濩澤，曾得支曇授《陰持入經》，爲經作序時採用老子的觀念。「陰、持、入」後由玄奘譯爲「蘊、處、界」而沿用至今。所謂「五蘊」、「十二處」、「十八界」，❹是小乘部派佛敎依隨佛陀以五蘊破除自我的思路再加發展，把事物存在與心理世界嚴加分析爲各種範疇，以顯出永恒的、具本質性之「自我」的虛妄性。道安爲《陰持入經》作序，却以老子的概念作比擬：「陰持入者，世之深病也：馳騁人心，變德成狂；耳聾口爽，躭醉榮寵。……大聖（卽佛陀）悼茲，痛心內發，採善心於毫芒，拔兒頑於虎口。以大寂爲至樂，五音不能聾其耳矣；以無爲爲滋味，五味不能爽其口矣。」道安不得不如此比附，

---

❶ 如日人柳田聖山原著《初期的中國佛敎》。譯載於吳汝鈞：《佛學研究方法論》頁二六三。

❸ 《高僧傳・法雅傳》：「時依雅門徒，並世典有功，未善佛理。雅乃與康法朗等，以經中事數（按：卽名相），擬配外書，爲生解之例，謂之格義。」

❹ 「五蘊」是「色」（物質），「受」（感覺），「想」（表象），「行」意欲、「識」（思惟）。「十二處」指主觀方面的眼、耳、鼻、舌、身、意與客觀（被認識的）色、聲、香、味、觸、法（觀念）。主觀方面的六者更可以分爲器官與認識，如「眼」可分爲視覺器官（眼根）與視覺本身（眼識），這樣分法增加了六項，合爲「十八界」。

因爲中國的思想傳統缺乏部派佛教這一類型的思辨分析。一作比附，部派的思想特色却大牛埋沒了。這正是「格義」方法的危險。

大乘般若性空之學與老莊哲學比較相近，「格義」也更方便。事實上，般若學六家七宗無不以玄學的「心物」（或心色）、「本末」、「有無」等範疇來立義。道安是一位具方法學的自覺的學者。他在深研大小品般若之後，日漸不滿格義之法。《高僧傳·僧先傳（或作僧光）》記述道安三十七歲在飛龍山時與僧先的爭論。道安以爲「先舊格義於理多違」；僧先則主張不應妄誹先人，「且當分析逍遙」。問題的核心至爲明顯：道安是以「理」爲標準；僧先則主張順隨時風，仍以格義方法分析逍遙。後者必然入於玄釋不分之路，正是要求標舉佛教獨特義理的道安所不滿的地方。自此道安似乎基本上捨棄格義之法。除了破例准許慧遠「不廢俗書」（《高僧傳·慧遠傳》）之外，並不贊成其他弟子以俗書附會佛理。然而，旣有慧遠的破例，也便反映出：在玄風中，不以格義方法討論佛理，實在是很大的困難。

依附玄學除了有混淆玄釋旨趣的危險，還引起另一個難題。佛教在印度從佛陀時代的原始佛教先發展爲小乘佛教，再轉入大乘空有二支。佛教傳入中國時，約在小乘佛教與大乘佛教交遞之際。小乘佛教，特別是部派的分析性哲學，與大乘佛教思路迴異；大乘佛教之中，《般若》、《淨土》、《法華》、《維摩》等經典先後流入中國，其中只有《般若》經義易於玄學貴無的思路接頭。（且不計較歪曲與否。）一味比附玄學以求弘法的話，《般若》之外的其他佛義將如何安置？這是在玄風中生根的佛教面對的又一難題。

　　本章描述慧遠生時中國佛教面對的時代環境和遭遇的一些問題。從有利的因素看，在混亂的世局特別是胡族的統治下，在各教衰落玄風流行的思想風氣中，佛教乘時生根是理所當然的。然而，更值得我們注意的是那些潛在的困難與問題——這可以說是用一種逆境的眼光來考察。注意慧遠身處的逆境和面對的困難，我們比較容易以一同情地了解的態度來觀察他的言行和分析他的著作；同時亦可免於把他看做「另一個亂世中的僧人」，以致汩沒了他獨特的自覺擔負意識與不隨俗流的處世態度。下面一章卽是以這樣一種逆境的眼光來評述慧遠早年的生命方向。

第三章　早年的生命方向

慧遠生於西元 334 年（東晉成帝咸和元年），卒於 416 年（義熙十二年），年八十三。他一生的分界線在五十歲。那一年他入廬山隱居，從此不出。他主要的著作與僧團事業都成於入山之後。關於他的前半生，特別是青年一段，資料很少，基本上只有《高僧傳》卷 6 本傳中記載的零星軼事。然而，正是這些零星的生命片段能夠顯出慧遠早年生命中的摸索。那些事件讓我們看見慧遠如何自覺地開闢他的生命方向。

一、少年遊學與往訪范宣

慧遠生於并州雁門郡樓煩縣（今山西崞縣東）一個仕宦家族，俗姓賈。有一弟，少慧遠三歲，後來一起出家，法名慧持。慧遠自少聰穎，又得到仕族之家比較理想的讀書環境，很早就通曉六經與老、莊之學。在二十歲之前，他的求學經歷似乎是並不自覺的；他自覺地開始摸索安身立命之道，應是在遭遇世亂之後。

在這裏有必要描述一下慧遠處身的政治環境。慧遠生於胡族佔據的北方。在他出生前十七年（317），晉室偏安江左。北方的匈奴族經過內戰，結果由石勒得勝稱帝（330），國號後趙。慧遠

出生那一年（334），石勒死，其將石虎弒石勒之子自立，不久稱
王。石虎爲人昏虐無道，但「頗慕經學」（《晉書卷 106・石季
龍載記上》）。慧遠生於傳習六經的仕宦之家，得以免受暴政之
害，並且在十三歲時有機會跟隨舅父令狐氏遊學許（河南許昌）、
洛（洛陽）等地。從《晉書・卷 106》的記載可知石虎曾在 343
年遣博士往洛陽抄寫漢、魏兩朝刻下來的石經，又在 345 年驅役
二十多萬人大修洛陽宮室。由此可以推知慧遠遊學正值洛陽重建
的時期。比起二十多萬被驅役的人民，慧遠的求學顯然是優悠而
不自覺的。

349 年石虎死。這時慧遠十六歲。石姓的將領與石虎養子冉
閔內鬨；鮮卑慕容氏趁亂進攻，352 年與冉閔戰於河北。同年東
晉殷浩北伐氐族苻健，戰於關中。在這段期間黃河流域幾乎無處
不是烽煙，安心遊學變得不可能。慧遠可能是在這樣的環境中考
慮到他日的去向，終於在 354 年決定南下往訪儒生范宣。

往訪范宣的計劃並未能如願。因爲世亂道阻，慧遠不能南
下。不過，從這一個不曾實現的意願却可以窺見慧遠當時思慕的
是那一類的人物。范宣是一個退居講學的儒生。他爲人與當代一
般談玄的名士完全不同。《晉書卷 91・范宣傳》說他「少尚隱遁
……博綜衆書，尤善三禮。家至貧儉，躬耕供養。親歿，負土成
墳，廬于墓側。」這是一個苦學、重孝、守禮的儒生。事實上，
同卷記述當時有人問他「何以太儒」——在東晉玄風末流之中，
守禮而不放誕顯然引人奇怪——他就說：「正始以來，世尚老莊，
逮晉之初，競以裸裎爲高，僕誠太儒，然『丘不與易』。」簡明
的回答顯出生命的自覺。

范宣更爲人傳誦的是他莫測高深的學問。傳中說他「言談未

嘗及老莊。」然而在一次聚會中，眾士人苦思「人生與憂患俱生」一語的出處，無人能知，他却輕鬆地指出語出《莊子·至樂篇》。顯然，他不放言清談，並非不能，只是有所不爲。太元中（380年前後）他在江州豫章（江西南昌）立鄉校，江州儒風由此興盛。范宣樹立的並不是一般游心山林的隱士形象，而是退居以求有所作爲的道德人格。慧遠嚮往的旣是這樣的人格，就讓我們推想出：他並非純爲逃避亂世才想到隱居。他所求的不是一己的安頓，而是懷着一種「有爲」的自覺意識的。

二、追隨道安出家

慧遠未能南下，恰巧聽聞當時已有大名的道安（314-385）在太行恒山建寺講學，遂改道前往，見道安敬服而出家。此後慧遠追隨道安二十五年，才在政治形勢壓迫下離開道安南下廬山。在眾多弟子之中，慧遠以其大願與苦學成爲道安期望最殷的弟子。

《高僧傳》對慧遠出家這一節的敍述偏重於慧遠聰敏慧悟的一面，又借貶斥儒道二家來凸出佛法在慧遠心中的無上地位。這兩點都有偏失，需要澄清以顯出慧遠當時眞正的求道態度。《高僧傳卷6·慧遠傳》：

> 時沙門釋道安立寺於太行恒山，弘讚像法，聲甚著聞，遠遂往歸之，一面盡敬，以爲「真吾師」也。後聞安講《般若經》，豁然而悟。乃嘆曰：「儒道九流，皆糠粃耳。」便與慧持（卽慧遠弟）投簪落髮，委命受業。

這一段文字側重描寫慧遠聞經頓悟而出家，忽略了慧遠思欲有為的心懷。道安在當時之所以「聲甚著聞」，不但在其博學深識，更在於他的僧團持律行戒嚴謹，「師徒肅肅自相尊敬」（《高僧傳卷 5·道安傳》）。事實上中國僧人出家以釋為姓乃至確定早課晚誦等基本僧規，都是由道安創立的。道安的僧團嚴整有律，肅肅僧容，正是慧遠敬服的原因。這與他同時期對守禮講學的范宣產生嚮往之情是相貫通的。倘若道安像當時許多名士名僧那樣但顧逍遙玄談，即使他的佛學再高深，慧遠恐怕亦不會追隨出家。范宣與道安都是嚴肅守禮、退居有為的典範，日後慧遠在廬山亦成就這種人格。

《高僧傳》的另一偏失在於強調慧遠聞佛法而揚棄儒道。事實上慧遠講佛經每「引莊子為連類」（僧傳本傳），顯示他並未排斥道家思想；又記他晚年在廬山講《喪服經》，更可見一生不曾捐棄儒學。傳中說慧遠感嘆：「儒道九流，皆糠粃耳。」很難確定有無斷章取義。「糠粃」之說出自《魏志·卷 10》所引荀粲別傳：「（粲）常以為子貢稱夫子之言性與天道不可得而聞，然則六籍雖存，固聖人之糠粃。」如果將這段文字簡略為「粲常以六籍雖存，皆糠粃耳。」就會使人得出荀粲否定儒學的錯誤推論。荀粲不過是指六經之內容未能包括儒學之最精義。同樣，慧遠並不根本摒棄儒道之學，只是以為究竟之義理在佛法而已。他晚年給弟子劉遺民書中謂：「每尋疇昔，游心世典，以為當年之華苑也；及見老莊，便悟名教是應變之虛談耳。以今而觀，則知沉冥之趣，豈得不以佛理為先？苟會之有宗，則百家同致。」（《廣弘明集》卷 27）。「會之有宗」，成為慧遠後日的佛學的基本特色。他的求道態度是總攝而非排斥其餘，這一點在本書後半部份析論

他的思想時可以清楚見到。

三、慧遠的自覺擔負意識

慧遠追隨道安出家是他生命中重要的轉折，然而道安與范宣的人格既有共通之處，則可推知出家的轉折並沒有根本地改變慧遠原本的探索方向。慧遠希望在紛亂擾攘的時代、輕浮放誕的士風中建立嚴肅的人生價值。《高僧傳》記載他出家之後「厲然不羣，常欲總攝綱維，以大法爲己任。精思諷持，以夜續晝。貧旅無資，縕纊常闕，而昆弟恪恭終始不懈。」由此可知他自始即以強烈的擔負意識來求道，並非純然因着「豁然而悟」的輕靈智慧而出家。

慧遠思欲總攝綱維，以大法爲己任，胸懷幾乎接近儒家甚於佛家。環顧當時的中土僧人，具有這樣自覺的擔負意識者實不多見。其時在名士圈子中享有盛譽的一位僧人是支遁，他的生活方式是養馬放鶴，❶在王孫公子之中清談逍遙。與慧遠同代的西域名僧鳩摩羅什門下的中土弟子衆多，不乏傑出的人物，其中僧肇、竺道生等人有八俊十哲之譽。❷考查這些人物本傳中的描述，並不發現有總持佛法以爲己任這樣的心懷。就此而言，慧遠自覺的擔負意識是頗爲獨特的。

追究本原，這種「自覺」可以上溯至東漢儒生的傳統。余英時先生著〈漢晉之際士之新自覺與新思潮〉一文，析述東漢至兩

❶ 《世說・言語篇》：「支道林常養數匹馬。或言道人畜馬不韻。支曰：『貧道重其神駿。』」同篇有「支公好鶴」條。

❷ 見湯用彤《漢魏兩晉南北朝佛教史》卷上頁二二九。

晉「士」的階層日漸抬頭的自覺意識，❸指出東漢末士大夫結成清流與宦官對抗，產生強烈的「羣體自覺」。黨錮之禍後，逆權勢、尚節氣、以天下爲己任的擔負意識漸衰，代之而起的則是士的「個人自覺」。兩晉名士追求養生、講適性、獨化，以標奇立異的肆誕行徑求知名於世，屬於個人的自覺。以余氏的觀念模式來考察慧遠的志向，會迫出這樣的結論：慧遠「以大法爲己任」的心懷相類於東漢清流的「羣體自覺」，❹與同代名士無所擔負的風氣恰恰相反。

　　從「自覺擔負」的角度看，慧遠似乎是帶着一種儒者的心懷出家。他晚年在廬山的著作中，常常顯示一種恐懼法之將亡的憂患意識，亦反映出相類的儒者情懷。慧遠常被論者指爲儒、釋、道的調和者。事實上他的思想是穩固地站在佛教立場的，反而在其人格上處處顯出一種儒家的道德自覺與文化胸懷。慧遠自覺的擔負意識，不但贏得同學的欽佩，亦深受道安期許。道安常歎說：「使道流東國，其在遠乎？」事實上，出家僅僅三年，慧遠已經登座講說。這時他才二十四歲。

---

❸ 載余英時著：《中國知識階層史論：上古編》頁二〇五～三二七，聯經，1980。

❹ 士大夫「以天下爲己任」的傳統其實還可以上溯至先秦儒家。《論語・泰伯》：「曾子曰：士不可以不弘毅，任重而道遠。仁**以爲己任**，不亦重乎？死而後已，不亦遠乎？」但至東漢清流則最爲自覺，如《世說・德行篇》：「李元禮風格秀整，高自標持，**欲以天下名教是非爲己任**。」李元禮即李膺，漢桓帝時任司隷校尉，與太學生之首郭泰聯合主持清議，爲清流的領袖人物。

四、「個人自覺」的一面

以上的論析側重慧遠的擔負意識；這並不是說他沒有「個人」的自覺與執着。慧遠早穎，在初出家的一段日子，他的言行顯露着強烈的鋒銳機辯。在二十四、五歲左右，❺他曾參與一場般若學辯論，鋒芒畢露，表現出靈活機巧的思辯能力。

這一場辯論的個中情況頗爲有趣。當時道安的同學竺法汰在南下建康途中遇疾，停於荊北江陵。道安遣派慧遠前往問疾。這時有僧人道恒在荊州一帶倡說「心無義」，頗爲盛行。法汰召集了辯難大會，命弟子曇壹攻難道恒，整整一天至入暮仍不能難倒他。慧遠適逢其會，在次天辯難續起時加入，終於迫得道恒啞口無言。（《高僧傳卷 5・法汰傳》）

辯論的形式明顯仿效了魏正始以來清談的傳統談座方式。傳統的談座有主客之分，猶如今日辯論之正反方。主方立論，客方攻難，一來一往稱爲「一番」。若干番辯難之後，有一方不能再答辯即敗。❻《法汰傳》記述：

> 慧遠就席，設難數番，關責鋒起。（道）恒自覺義途差異，

---

❺ 湯用彤氏以爲慧遠往荊州問法汰疾應在道安避亂於新野之後，即 366 年左右，所據是《高僧傳卷五・法汰傳》。見湯同上❷頁一四六。但陳統先生《慧遠大師年譜》則指出法汰在論辯後離荊州下建康受王洽供養（《世說・賞譽篇》），而王洽在升平二年（358 年）已卒於官。兩說相差八年。今取陳說。

❻ 見何啓民著：《魏晉思想與談風》，學生書局 1982 年（三版）。頁八～一二。

神色微動，塵尾扣案，未即有答。遠曰：「不疾而速，杼
軸何為？」座者皆笑矣，心無之義於此而息。

　　慧遠「設難數番」，迫使道恒不能答而辯難結束，完全是清
談辯難的形式，這裏也反映出當時佛教受玄談風氣的影響。還值
得注意的是：道恒不能作答之際以塵拂扣案，使用塵拂也是玄談
座上的傳統。❼慧遠思考機靈，執住道恒窘迫焦躁的神態取笑：
旣然「心無義」主張無心於物，虛而能知，那麼無須急躁亦應速
達，何須反覆思量有如布梭（杼）密密趕忙在機「軸」間往來？
慧遠的機鋒博得哄堂大笑而得勝。《法汰傳》並不記述辯論的思
想內容，反而記下這樣有點取巧的雋語，或者也反映了當時座上
的客人亦以觀看玄談的心情參加，故此樂於流傳辯論中機鋒有趣
的一面。

　　慧遠的機辯，顯出一種年輕時代的好勝之情，也隱示着他是
自覺機辯過人的。這裏埋藏着「自我」的執着。他對「個人」、
或「自我」的自覺與執着，即使到了中年歲仍未盡解，在下一節
可以看到他的個人自覺是如何化解的。

　　還可補述的是：召集這場「心無義」辯論的竺法汰，後來到
了南京，變成一位藉着佛學修養與王孫公子周旋的名僧，接受他
們的供養。《世說新語・賞譽第八》：

初法汰北來未知名。王領軍（王洽）供養之，每與周旋行，
來往名勝許，輒與俱。不得汰便停車不行，因此名遂重。

---

❼　《世說・文學篇》：「客問樂令旨不至者，樂（廣）亦不復剖析文
　　句，直以塵尾柄确几，曰至不？客曰至。樂因又舉塵尾曰，若至者
　　那得去？於是客乃悟服。」

　　以慧遠的鋒芒，是大有條件追隨法汰下建康，在清談名士叢中佔一席位的；相反，他從荊州返回恒山，追隨道安在困苦流徙中講學弘法。師徒眾人數百先遇旱蝗災害與寇亂，被迫離開恒山，五、六年間先後棲息於王屋山（山西陽城西南）、女休山（所在不詳）、陸渾山（？河南嵩縣北）、南陽（河南鄧縣東南）和新野（河南新野），最後才在 366 年止於湖北襄陽稍得安頓。這種山栖木食的生活與法汰受王孫供養遊樂的生活方式是不可同日而語的。

五、拜別道安時的開悟

　　在安頓於襄陽之前的一段流離生活中，慧遠可能考慮過如何能夠在較為安定的環境弘法的問題。往襄陽前，師徒眾人路經新野，在這裏道安分張徒眾弘法，有些西入四川，有些南下。其中弟子慧永邀約慧遠共往羅浮山結居。羅浮山（廣東增城縣東）在當時已經有隱居的傳統。比慧遠稍先的道士葛洪（約 278-339）晚年便曾在此鍊丹著書。❽慧遠曾經意動，但為道安挽留，只好讓慧永先行。慧遠遂與道安共往襄陽，在城中一住十二年。

　　慧遠本傳中幾乎完全沒有記載襄陽時期的生活。從《道安傳》則可以想像法事甚為隆盛。道安徒眾初居白馬寺，後立檀溪寺，得富者贊助「建塔五層，起房五百」，師徒在其中齋講不倦。有涼州刺史楊弘忠送銅萬斤，道安用以鑄造丈六釋迦佛像，

❽　見《晉書卷七二・葛洪傳》。葛洪生卒年不詳。本傳謂其卒年八十一。此據侯外廬等著《中國思想通史》卷三，頁二七〇～二八四所考。

由慧遠作頌；關中前秦主符堅亦遣使送來七尺金像與彌勒佛像，俱可見僧團聲譽之隆。

然而這樣的弘法環境依然不能在亂世中較長久地維持。378年，秦軍攻迫襄陽，道安被襄陽太守所留，不得離去，惟有遣散弟子他去，慧遠亦在拜別之列。離別前有一節情景，看似小事，實質上可能是慧遠生命中另一次重要的開悟，值得記述。《高僧傳・慧遠傳》：

> 僞秦建元九年，秦將符（苻）丕寇斥襄陽。道安爲朱序所拘不能得去，乃分張徒衆各隨所之。臨路諸長德皆被誨約，遠不蒙一言。遠乃跪曰：「獨無訓勗，懼非人例（列）。」安曰：「如公者豈復相憂（擾）。」

慧遠一問，透露出他心中個人的自覺。在衆弟子之中，他向來特被道安期許，在此時却不蒙一言，由是而生困惑煩惱。道安一答，不但重提自己對慧遠的期望，更重要的是一語道破慧遠心中由執着自我而生的不安穩！慧遠這時四十五歲，學問與器識俱已有成，大可不必依靠乃師來肯定自己的重要性。這一節對答，有趣地顯出了慧遠的自我意識和道安的點破。

慧遠離開道安之後，南下往訪同學慧永，欲踐當年羅浮隱居之約。不過，慧永當年南下羅浮途中，在江西潯陽被當地人陶範苦留，結果定居廬山西林寺。慧遠遂亦止於廬山，從此長居山中以至示寂。自入山之後，不論在言行或是文章之中，再不見慧遠透露個人的自覺與執着，從此但以擔承大法，標舉佛教價値爲己任。這或卽是道安當年一語開悟的結果。晚年的慧遠，「神韻嚴

肅，容止方稜，凡預瞻覿莫不心形戰慄」，表現出來的人格與當日荊州辯論中的輕靈姿采全然不同。慧遠辭別道安一節很可能是他生命中重要的轉捩點。

　　本章論述慧遠入廬山前的上半生，側重於他早年生命自覺的一面。他嚮往范宣、隨道安出家，兩者同樣顯出對嚴肅的人生價值的追求。從他出家後「以大法爲己任」的擔負精神，隱然見出一種儒家的文化意識與歷史胸懷；從荊州一場辯論中的鋒芒以至拜別道安時的困惑，則可見他個人自覺的一面。由着道安的點破，他南下廬山，從此實踐退居以求有所作爲的「似隱非隱」的弘法與生活方式。本章討論慧遠在前半生自覺地開闢的生命方向，恰好成爲了解他後半生的事業與思想的鑰匙。

第四章　在廬山的社羣與活動

　　慧遠在 378 年拜別道安，南下訪慧永而止於廬山。初時住龍泉精舍，後弟子日多，慧永請江州刺史桓伊爲他在西林寺之東別建一寺，即東林寺。慧遠遷居東林之後，在山講學弘法，使廬山成爲當代重要的佛教中心。

一、後世對慧遠隱居方式的誤解

　　廬山向有士人隱居的傳統。三國時董奉居山中爲民治病，病癒者令栽杏五株，數年而成林，這是「杏林」一詞之由來（事見慧遠《廬山略記》）。慧遠之前還有王羲之在山中隱居，養鵝習學。（《晉書卷 80・王羲之傳》）。與慧遠同代的文人隱士中，陶淵明、劉遺民、周續之特別有名，時稱「潯陽三隱」（《宋書卷 93・周續之傳》）。三人之中後二者俱曾從慧遠遊。事實上在慧遠本傳中，記載他與士人交往的篇幅比敍述他的僧團活動還要多，這樣容易引起一種誤解，以爲慧遠所過的山居生活亦不過如其他文人隱士一樣，避世以求靜修而已。日人牧田諦亮即有此說：「查慧遠之一生，有一事仍以爲憾焉，居深山而無法體念一般人民於苦楚中，乃與其徒衆及愛好隱世之士輩相共度生。在中

國所進展之佛陀眞正慈悲精神,雖尙未有徵兆,寧先保持印僧單獨自修爲上之見。」❶ 這樣的描述實是錯誤地理解慧遠的隱居方式。

《高僧傳》所記亦加強了這種誤解。傳中說慧遠初到潯陽,「見廬峯清靜,足以息心」,遂止於山;又強調慧遠在山「三十餘年,影不出山,迹不入俗,每送客遊履,常以虎溪爲界」。這完全是對一種想當然的離俗隱居生活的描寫。事實上,據明人徐霞客所記,東林寺「寺前臨溪,入門爲虎溪橋。」❷ 是則在山居住遊履根本不可能不過虎溪。

從一點事實可以確知慧遠過的並非避俗潛修的隱士生活。慧遠與慧永同居山中, 一在東林, 一在西林, 但生活方式完全不同。《高僧傳卷6·慧永傳》:「……後鎭南將軍何無忌作鎭潯陽,戾集虎溪,請永及慧遠。遠旣久持名望,亦雅足才力,從者百餘,皆端整有風序,及高言華論舉動可觀。永怗然獨往,率爾後至。納衣草屨,執杖提鉢,而神氣自若,清散無矜。」這是如何強烈的對比!牧田諦亮所謂「單獨自修爲上」的描述,用之於慧永還可恰當,以此理解慧遠則與事實不符了。

慧遠率領之僧團「端整有風序」,令人想起當日其師道安在襄陽「肅肅然自相尊敬」的僧團。《高僧傳》慧遠傳中的記述雖然側重慧遠與士人的交往,但從其中與一些側面資料,仍然可以拼湊出一幅較完整的僧團畫像。慧遠的僧團應有數百人左右,現存有資料的則只有二十多人。❸ 以下摘取各人本傳中的記載綜合

---

❶ 牧田諦亮:《慧遠》。智華譯。載《現代佛敎學術叢刊⑬》頁一〇三～一二五。張曼濤編。大乘文化。

❷ 《徐霞客遊記》頁一五。世界書局。

❸ 見於卷六〈慧遠傳〉的有曇邕(有傳)、法淨、法領、慧寶。卷六

起來，以求恰如其分地呈現慧遠在山中建立的僧團及其活動。

二、慧遠的出家弟子

從慧遠弟子的性格可以推知他建立的僧團的特色。一點有趣的觀察是：在諸弟子之中，以智慧穎悟見稱的幾乎沒有；這與北方鳩摩羅什僧團中的弟子（如僧肇、竺道生等）恰恰相反。慧遠的弟子主要的特點是：剛正、堅毅、嚴謹。重要的例子是曇邕、曇恒、道昺。

曇邕本傳中記其人「志尚弘法，不憚疲苦……強悍果敢。」他經常往來廬山與關中替慧遠辦些困難的差事。405 年西域僧人曇摩流支至長安，遠使邕往請譯出《十誦律》。（《僧傳卷 2・曇摩流支傳》）411 年，僧人佛馱跋陀羅因在長安授禪法惹妒，被擯出城，南至廬山受慧遠接待。慧遠亦使邕往長安代爲辯釋，可見邕其人之剛毅。

曇恒「德行孤清，歲寒無改」（陳舜俞《廬山十八賢傳》），雖然據說「深明至理」，但沒有資料可以佐證他確有過人的佛學智慧。道昺「德行孤峻，慧悟夙深，所披文不復再覽。」（同上）則亦只善於記誦而無創發性的哲思。

(續)各自有傳的還有僧濟、法安、道祖；卷七有僧徹、慧觀、慧安、道汪、道溫。本人無傳但在他人傳中提及的有僧遷、道流、法幽、道恆、道授、曇順、曇詵。（後二者在陳舜俞《廬山記・十八賢傳》中有傳）。陳氏《十八賢傳》亦提及道昺、道敬、慧叡諸人。此外《高僧傳》卷十法朗傳中提及慧遠弟子法進；《佛祖統記》卷二十六提及法安；謝靈運《佛影銘序》中提及道秉，此共二十五人。

此外，弟子中有法淨、法領二人受遣使西域求取經典梵文本，「曠歲始返」（〈慧遠傳〉），此亦非有堅毅卓絕的意志不能辦。

弟子之中只有慧觀其人以悟解精難見著，但慧觀在慧遠門下時日短暫，後來北上，改從學於鳩摩羅什，而與僧肇齊名。（《高僧傳卷7‧慧觀傳》）這也反映出慧遠的僧團並不能以義理深微吸引徒衆。

慧遠「神韻嚴肅，容止方稜」，連當代威震人主，野心勃勃的桓玄見之亦不覺致敬。（見下章所述）曾有沙門持竹如意入山欲獻慧遠，見遠之嚴肅，不覺戰慄，默然而去。又有慧義法師其人，入山思加刁難，遇慧遠講《法華》，屢欲問難，竟然不能言而心悸汗流。這些小事俱顯出慧遠嚴肅凝重的懾人風範。他建立的僧團「端整有風序」，可以說是受了其人格的影響。

慧遠弟子之中有僧徹善於賦詠，具文人色彩。徹每在山攀松而嘯，顯出其放任率真的一面。僧徹曾問慧遠一吟一嘯是否適宜。慧遠謂「以散辭言之皆爲違法。」（《高僧傳卷7‧僧徹傳》）慧遠自己初遊廬山亦有詠詩，可見並不反對詩歌文學。他反對面山吟嘯，是不願弟子習染當代流行的狂肆之氣。❹慧遠以此嚴苛態度要求弟子，應是有意逆着時風，要求建立一個肅整有爲的僧團，以標舉佛教的莊嚴價值。以之對照南下建康與王孫遊宴的竺法汰，或是養馬放鶴的名僧支遁，就可以清楚見出慧遠的用心處。湯用彤先生在《漢魏兩晉南北朝佛教史》卷上第十一章更描述了一些等而下之的穢雜僧尼在建康宮中與帝王酣歌親暱的情

---

❹ 晉代嘯詠流行，多有狂傲之士以嘯抒懷。《晉書卷六十九‧周顗傳》記顗嗜酒輒醉，曾在王導座前「慠然嘯詠」。《世說‧簡傲篇》記阮籍在晉文王座前「箕踞嘯歌、酣放自若。」俱可見其一斑。

景。慧遠在山建立的僧團，隱然有一種自覺的道德色彩。

三、組織譯經與研究經典

聚徒講學，建立僧團之外，慧遠在山最重要的活動是組織譯經工作與研究經典。就這方面的工作而言，廬山並不是理想的地方。本書第二章提到：在亂世中，佛典難於集中研究。當時的經典主要集中在長安、洛陽、襄陽與建康（南京），距離廬山都很遠。慧遠在山講經，據高僧傳提及的亦只有《般若》、《法華》二經。這可能反映出山中的藏書並不完備。傳中亦謂：「初經流江東，多有未備，禪法無聞，律藏殘闕。遠慨其道缺，乃令弟子法淨、法領等遠尋衆經。」法淨等人不辱師命，終於尋得重要的禪經與戒律梵本歸來。

即使如此，山中顯然缺乏足夠的人才來從事大規模的翻譯研究工作。慧遠組織譯經，主要是請他所能接觸到的西域僧人來翻譯或重譯一些義理未明的重要經典。慧遠本傳說他「孜孜為道，務在弘法。每逢西域一賓，輒懇惻諮訪。」不要忘記慧遠此時已是一位有名望的大德，如此諮訪請譯，不是經已去除對自己名望的執着的話，是不可能做到的。

慧遠的努力有一定成果。先是 391 年罽賓僧人僧伽提婆（生卒年不詳，約在 375 年左右東來中土）自洛陽南來，慧遠請入山中，以六年時間譯出《阿毗曇心論》四卷和《三法度論》兩卷。這兩部經典對慧遠的佛學有一定影響。《阿毗曇心論》有舊譯，是提婆先前應慧遠老師道安所邀譯出，後來不滿意譯文，至此重譯。此論是小乘「說一切有部」學派對法相的範疇性分析，將宇

宙存在分析成各種具有自性的元素。「阿毘曇」（Abhidharma）意譯爲「勝法」或「對法」，被認爲是代表了對原始佛教教義的殊勝哲學分析。這些範疇性分析的來源與意義見於本書第八章的討論，在此暫不詳述。《三法度論》是四部阿含經的摘鈔註解，有鳩摩羅跋提舊譯，名《阿鋡暮鈔解》，至此亦重譯。論旨是以小乘犢子部的立場來疏解阿含經義。❺ 提婆基本上是小乘有部的僧人，慧遠對有部佛學的認識主要由此二論得來。

　　另一位入山的僧人是佛馱跋陀羅（此譯覺賢，359-429），亦是小乘名僧，曾在西域追隨大禪師佛大先修習小乘禪法與戒律。408 年至長安，初受鳩摩羅什接待。羅什之學是大乘龍樹空宗的佛學，思想與覺賢本來殊途，加上羅什本人未有正統的禪法傳承，主要揉合大小乘各家的禪法來敎授弟子。覺賢因有正統師承，弟子漸多，終於招羅什弟子之嫉忌，借故驅逐他與他的弟子出長安。慧遠知悉後，請師徒衆人入山，令弟子曇邕往長安澄清，並借此機緣請覺賢譯出所習之《修行方便禪經》。在經序中慧遠批評羅什的禪法「其道未融」，肯定覺賢禪法的價値。後來覺賢前往建康弘法，禪法由此在江東一帶流行，慧遠可居接引的功勞。

四、與鳩摩羅什的往來

　　慧遠接待入山的西域來僧都屬於小乘派別，他的老師道安則以大乘般若學知名於世；對於大小乘不同的佛學思想，慧遠並不褒貶長短，而是以一種特殊的觀點把它們綜合起來（見第七、八

----

❺ 此據呂澂先生分析。參見所著《中國佛學源流略講》第四講，頁七二～七五。北京中華書局，1979。

章)。 與慧遠同代的大乘僧人之中， 鳩摩羅什是最重要的一位。
當日覺賢與羅什弟子有互不相容的嫌隙，慧遠却對覺賢與羅什同
樣尊重。

　　鳩摩羅什 (343-413) 是龜玆人，初習小乘，後入大乘，得龍
樹（約 150-250）大乘空宗之學。早在 379 年，道安被符堅強留
在北方時，已聞羅什大名，曾請符堅迎接來華。但是符堅部下負
責領兵西行的大將呂光輕視羅什，更恰逢東返途中聽聞符堅在與
羌族的戰爭中遇害，大軍遂割據涼州不返，羅什遭受諸般辱待十
七年，直至 401 年後秦姚興發兵滅呂光，羅什才得入中原，這時
道安已去世十多年。羅什在長安繼承了道安開展規模的道場，大
興譯事， 門下弟子過千 。 慧遠得知羅什在長安弘法， 卽遣書通
好，互贈詩偈。此後兩人一直互通書信，雖始終未曾見面，思想
上却多所交流。

　　據慧遠本傳所記，慧遠曾著有《法性論》，羅什讀而讚歎。
此論後來亡佚。另在書信往還中，慧遠屢就大乘佛理的疑難向羅
什就問，後人集錄爲《大乘大義章》。從內容看，兩人並非對等
地交換看法，而是由慧遠提問，羅什作解，從中具見慧遠熱切求
法之情。這時慧遠已經年過七十，仍然精勤求進，頗是難能。（《
大乘大義章》的理論問題的析論，見第十章。）

　　鳩摩羅什對大乘空宗的悟解高出慧遠很多，但他顯然並無輕
視之意，相反地甚爲欽敬慧遠在盧山建立的嚴謹僧團，曾寄贈慧
遠衣裁法物以表心意。慧遠的僧團與羅什在長安的僧團性格極爲
不同。慧遠門下只有數百人，並無智慧超卓的弟子，但持律行戒
整然有序；相形之下，羅什弟子衆多，慧解過人的頗不少，却不
以德望知名。羅什受姚興供養宮中，弟子亦不免出入皇宮宴樂，

行止弛散。《高僧傳卷2‧羅什傳》記述姚興因爲過分賞識羅什
的慧識，恐怕他後繼無人，竟然強迫他娶妻妾十人！羅什自此不
住僧坊，別立房舍，衣食豐盈。據說每當說法，羅什就感慨自
嘲：「譬如臭泥中生蓮花，但採蓮花勿取臭泥也。」此事反映
出姚興供養僧團的某種心態，但亦不可能不影響到整個僧團的作
風。這樣相比較之中，慧遠選擇在退隱中弘法，終身不事王侯，
就顯出其政治識見與自潔的決心。

　　或者是出於對慧遠德望的尊重，羅什在405年多譯成龍樹所
著的《大智度論》百卷後，特別寄奉慧遠，請爲之作序。慧遠以
論文繁廣難解，刪節爲二十卷方便初學。也可能是在刪節之中，
發現大乘空宗哲學與小乘毘曇思想有互相衝突之處，才會引發慧
遠多次去書羅什問大乘經義。

　　從慧遠與羅什的交往中，頗可見慧遠及其僧團之長處確在德
風，而不在義理悟解。

五、領導士俗入佛

　　僧團的工作之外，慧遠與不少士人往來，使人發生疑問：慧
遠是否仍不免沾有兩晉的名士氣？

　　要注意的是：與慧遠交往的士人基本上都是他的後輩，這一
點常被論者忽略。慧遠在士人之中，居於老師、領袖的位置，並
非在名士叢中作客。這主客的位置有重要的意義，不容混淆。在
第二章討論佛教在兩晉之際面對的困難時，我們注意到僧人每每
不能避免在清談席上作客，不論在談論選材抑或在生活方式上，
作客的結果是變成追隨時俗，佛教義理與行持價值由是不顯。慧

遠在山中先建立嚴謹的僧團，然後吸引俗家士子來追隨，反客為主，便有可能導俗入佛。

與士俗的活動中最為後世樂道的是一次共誓儀式。402 年七月，慧遠與劉遺民等僧俗一百二十三人聚集於山北般若臺精舍內供奉的阿彌陀佛像前，共誓往生西方。是次結集被後世說成「結社」，後來更變成「結白蓮社」之說。淨土宗後世稱為蓮宗，其集會稱為蓮社，慧遠這次與士俗的誓儀遂被指為淨土宗的結社先例。慧遠也被奉為淨土宗始祖。❻ 這其中的演變顯示出由追思之情而生的附會。

在阿彌陀佛像前共誓往生西方，近乎形式化的宗教祈求，似乎近於庸俗功利。不過，共誓的儀式應該只是一種痛切發願的表示，是修行的起點，並不是以為藉此可以輕易往生西方。慧遠在《念佛三昧詩集序》（《廣弘明集》卷 30）提示念佛的禪定旨要是「假修以凝神，積功以移性」，具見工夫之重要。（關於慧遠的修行觀在第九章另有析論。）

依《高僧傳》所記，與慧遠交往的士人主要有劉遺民（352-410?）、宗炳（375-443?）、雷次宗（386-448?）、周續之（377-423?）、謝靈運（385-433）等。❼ 各人年紀比慧遠少十八歲至五十一歲不等。他們從慧遠遊，俱是出於仰慕欽敬而非平輩的論交。

---

❻ 「蓮社」其實是後世附會的說法，見湯用彤《漢魏兩晉南北朝佛教史》卷上，頁二六二～二六三。此外可注意遲至宋代陳舜俞所著的《盧山記》中仍只有「結社」之說，未稱蓮社；稍後志磐之《佛祖統記》才改稱「蓮社」。

❼ 其餘有提及然而別無資料可稽者有張季碩、張荣民、畢穎之。宋代《佛祖統記》還錄入陶淵明、陸修靜，似是附會，湯用彤氏曾分析其不可信之處（同❻）。

弟子之中以劉遺民年紀與慧遠最接近，修持最精勤，特爲遠所重視。遺民原名程之，字仲思，少喪父，事母以孝聞。善老莊，曾先後被謝安與劉裕推薦爲官，不就。劉裕欣賞其性情，加號遺民。遺民由道入佛，在山立禪坊，研究佛理，修禪持戒。《廣弘明集》卷 27《慧遠與劉遺民書》附錄遺民生平，謂其「精勤遍至，具持禁戒，宗（炳）、張（萊民？）等所不及。專念禪坐始涉半年，定中見佛。」可見他雖然是俗家弟子，但自律很嚴，修禪亦有成績。慧遠在前述的共誓儀式中，特囑遺民作誓文，可見對遺民之重視。408 年，羅什弟子竺道生（355-434）從長安返廬山（道生原居山中，然非慧遠弟子，後往長安依羅什），携來僧肇所著《般若無知論》，經遺民呈慧遠觀閱。遺民後來代慧遠修書僧肇，提出疑問，並謂慧遠雖然欣賞此論，「但標位似各有所本，或當不必理盡同也。」（《大正藏》1858: 155《肇論》附錄遺民書問）由此可知遺民得慧遠授意代其表示立場，可見遺民在禪定與持戒之外，必定頗諳佛理，並非一般談玄的名士可比。

除劉遺民之外最重要的士俗弟子應是宗炳。據《宋書》卷93，宗炳字少文，少年時以「居喪過禮」爲鄉里稱道，善琴樂，好遊山水，屬於藝術氣質的人物。他入山追隨慧遠，終生不離乃師。慧遠死後，爲他立碑誌銘者亦是宗炳。《世說·規箴篇》有一條記述慧遠在山至晚年弟子漸散去，登座說法時「詞色甚苦」自歎「桑榆之光理無遠照」，隱然見蕭索之意。宗炳事師至終，可見摯誠。後來宗炳在劉宋時參加了一場形神論爭，著有《明佛論》（又名《神不滅論》載於《弘明集》卷2），也繼承了慧遠「形盡神不滅」的思想。

在當世中較宗炳有名的是周續之。周續之字道祖，八歲而

孤，奉兄如事父，通五經與老莊，後入山事遠。393 年儒生戴逵來書討論業報問題，認爲佛教善惡報應之談只是權宜立說藉以招納信衆。慧遠命周續之駁斥（見《廣弘明集》卷 18），可見周亦非一般名士而是佛弟子。周中年得中風症，四十七而卒，現存資料所見，似乎在禪修無大成就，義理亦不及遺民。

　　無獨有偶，劉遺民、宗炳和周續之三位與慧遠最接近的士俗弟子都以孝名。慧遠在山曾講《喪服經》，可以推知他亦注重傳統的德行，這與當時蔑視名教綱常的放誕士風相反，亦由此吸引到這一類重孝守禮的士人來追隨。

　　與宗炳同事慧遠終老的俗弟子還有雷次宗。雷次宗字仲倫，少年已入山，明《三禮》《毛詩》（應亦是慧遠所授），屬儒生型的人物。慧遠寂後，雷應宋文帝之詔入京師，爲王太子講《喪服經》。《高僧傳・慧遠傳》說他註疏《喪服經》時卷首稱雷氏所註，因而被宗炳來書嘲問：「昔與足下共於釋和尚（指慧遠）間面受此義，今便題卷首稱雷氏乎。」可見雷氏不如宗炳樸實，較重虛名。雷氏得自慧遠的似乎主要是儒學，似乎未契佛義，其重要性不若宗炳、劉遺民與周續之。

　　士人之中比以上各人更有名的還有謝靈運。412 年慧遠在山中立佛影像（或是石壁上作浮雕像）、建龕室，曾遣弟子往邀謝靈運作銘文供刊刻，成《佛影銘》。四年後慧遠去世，謝氏又作《廬山慧遠法師誄》作爲碑文。謝靈運一生始終未曾入山謁遠，但在誄文中說早有追隨之心，「惜哉誠願弗遂」，這當只是陳套話。依《宋書卷 67・謝靈運傳》所見，謝氏是一個放任而自負的名士，居官位而不理事務，出郭宴遊經旬不返亦不先奏於帝，性奢豪，車服華麗。這樣傲才放任的性格，根本與慧遠的僧團作風

格格不入，自亦不可能從學於慧遠。

　　從以上對廬山僧團的論述，可以知道慧遠把自己嚴肅自律的性格貫注於僧團之中，出家弟子雖只數百，規模不及長安僧團，但德風備受尊崇，吸引入山的士俗弟子亦主要是持禮自潔的人物。慧遠能夠成為重要的宗教領袖，似乎與他的道德人格不可分。

　　慧遠在山的活動其實尚有極其重要的一面未曾在本章論及，此即與政治人物的交往。這些往來牽涉到僧人如何在王權面前自處的重要課題，將在下面一章獨立討論。

第五章　慧遠與政治人物的交往

　　本書第二章提及僧人在佛教開始生根的兩晉時代如何面對王者，是一個重要的政治課題。漢魏之間佛教未成其規模的僧團，僧人個別以養客身份出入宮廷，對王權並不做成威脅；兩晉佛教漸漸成爲較大的社會力量，統治者對之並不能完全信任，僧人如何在王者之前自處？從鳩摩羅什被姚興強迫娶妻納妾的例子看，完全依靠王者供養並非理想的弘法方式。慧遠的老師道安曾經在恒山刻苦建寺講學，企圖獨立自存，但被蝗旱災禍所迫，終於不得不在襄陽安頓，最後仍是受苻堅供養。他在未到襄陽之前，曾經慨歎：「不依國主，則法事難立。」這是亂世中的甚深感慨。事實上，在恒山建寺之前，他已經接受過後趙暴君石虎的供養，居於鄴都華林園。此園是 347 年石虎發動十六萬民衆建成的，其間死人數萬。（見《晉書卷 107・石季龍載記下》）道安身居華苑之中，應是並不心安的。但獨立建寺却又遭遇經濟困難。這種進退兩難的情景反映出僧人與統治階層的微妙關係和矛盾。慧遠入廬山建立僧團，儼然成爲南方的宗教領袖，與政治人物的交往亦因而不可廻避。

一、政治人物對慧遠的尊重

從《高僧傳》所見，與慧遠交往的重要政治人物不少。以宗教立場劃分，奉佛的有司徒（後爲中書令）王謐、後秦主姚興；非佛教徒然而對慧遠僧團持尊重態度的有晉安帝、荆州刺史殷仲堪，以及後來成爲宋帝的劉裕；在部分觀點上反對佛教的有桓玄、何無忌；此外另有一個盧循却是信奉道教的亂民領袖。此外，慧遠初入廬山，有江州刺史桓伊爲他建東林寺。這些宗教立場各異的政治人物，即或並不完全信奉佛教甚至反對佛教，對慧遠個人都表示尊重。

從政治立場去看，這一羣政治人物之間的關係更加複雜。姚興是外族的帝王，與東晉王朝爲敵。晉安帝爲東晉正統之主，却曾被廢甚至挾持。合謀篡奪晉室帝位的是桓玄與殷仲堪。兩人共同亂上，却又互相猜忌，殷結果被桓玄殺害。桓玄一度自立爲帝，最後被討伐擊殺。領兵討伐的大將正是何無忌與劉裕。劉裕又曾帶兵剿平盧循領導的五斗米道。他們的關係錯綜複雜，不少是處於敵對的位置，慧遠竟然能夠一一予以恰當的應接，顯示出不平凡的政治智慧。

若以貶辭描述，所謂政治智慧未嘗不可以說是圓通的政治手段與權謀。權術對隱遯的僧人身分看來並不適合。不過，慧遠能夠得到各人的尊重，最重要的因素並不關乎權術，這從他初會桓玄的一節經過可以看見。

桓玄（369-404）是東晉重臣桓溫少子，襲父爵爲南郡公（在荆州境）。他素有雄心，又具文采，爲人豪橫自負。396 年，晉武

帝被弑，安帝以其天資愚騃被立爲傀儡皇帝，實權則落入會稽王道子與僕射王國寶手中。道子窮奢極侈，納賄賣爵。兗、青二州刺史王恭欲出兵討伐。桓玄在這個時機亦思反晉，苦於沒有兵力，乃遊說荆州刺史殷仲堪出兵。殷仲堪猶豫幾番之後才允諾，發兵五千人給桓玄作先鋒。道子使用離間計，封桓玄爲江州刺史而貶黜殷仲堪，兩人遂生嫌隙，各自退兵。

這是 399 年左右。桓玄退兵中軍經廬山，初會慧遠。會面的情景頗爲微妙。桓玄比慧遠少三十五歲，按理是以後輩身分謁見。但是桓玄反而使人召慧遠出山相會。他素來自負文才，亦通曉玄理和般若心無義。❶ 他視般若學爲清談的素材，對佛教僧團則無敬意。當時在京師擅政的道子親暱僧民，以致僧尼競進親黨入朝爲官。(《通鑑·卷107》)。現實中的佛教徒如此穢亂，他自然不會尊重。此時倨傲地召慧遠出山，也許以爲僧人一無例外地都是樂於諂諛權貴的。

慧遠聞召稱疾不出，桓玄才入山。臨行時部下勸他勿向慧遠禮敬——桓玄之敵殷仲堪舊日曾入山禮敬慧遠並問佛理——桓玄不屑地答：「何有此理，仲堪本死人耳。」可以猜想，他之所以要見慧遠，並無絲毫禮敬之心，只是自負通曉玄理，思與慧遠辯難，以顯自己的才學。可是及見慧遠，見到嚴肅的容止，桓玄却「不覺致敬」了。雖然如此，桓玄仍然挑戰地問難：「身體髮膚

---

❶　《世說·文學四》：「玄善言理，棄郡還國，常與殷荆州仲堪終日談論不輟。」同篇記玄在荆州接殷版，同時分答五版，粲然成章，具見自得之情。湯用彤曾引《祐錄》指出桓玄通心無義。(見《漢魏兩晉南北朝佛教史·卷上》第九章)可知桓玄具文采，亦自負通玄釋之理。

不敢毀傷，何以剪削？」此語出自《孝經》。慧遠自己在山講《喪服經》，弟子以孝知名，自然不會無言以對，只簡要地答：「爲立身行道。」語亦出自《孝經》，桓玄至此卽不敢再加問難，後來在出山之後更對左右說：「實乃生所未見。」

　　由這一段相會經過可以清楚看見桓玄態度的轉變。慧遠能夠應對得宜，敏捷的思路與對答只是其中一點因素，更重要的是他的自重：拒絕出山在先、嚴肅答客問在後，全不作諛諂逢迎的姿態。

二、桓玄勸慧遠罷道與汰洗僧團

　　在眾多與慧遠往來的人物中，桓玄是最重要的一個。理由可以歸爲三點：一是桓玄從南郡公起，政治勢力一步步擴大，直至最後一度自立爲帝。他對佛教的看法與倡議的宗教改革政令，在在影響當時南方佛教的興衰；二是他對慧遠個人的敬重態度，使他的反佛教政策趨於溫和；三是他反佛教的主張有其一貫的理論基礎，因而帶出了「沙門如何面對王者」這個重要的政治課題。在這個問題的爭辯中，慧遠有系統地提出了他對佛教的價值的觀點。

　　桓玄在廬山會見慧遠之後，曾多次在書信中試探、挑戰慧遠的佛教立場。先是桓玄被封爲江州刺史，兵屯潯陽，聲勢日張，被當地的反道子（最終亦是反晉室）勢力推爲盟主。在這個鴻圖初展之際，或者桓玄感到亟需用人，竟然去信慧遠勸他罷道，隱然有羅致慧遠爲部下之意。信中他舉出幾點理由，建議慧遠罷道：

1. 「至道綿邈，佛理幽深」，即使棄絕世務，修行山林，百世中仍難求一得道之人，何必勞神苦求？
2. 當世僧人削髮披裂，而心中比俗人更加不堪者大有人在，慧遠何必置身於其行列？
3. 孔子說「未知生、焉知死」，僧人苦苦追求下一生的福樂，實在是未體大化之道，迷而不返。

（《弘明集》卷 11、〈與遠法師勸罷道〉）

　　慧遠在覆書中聰明地利用桓玄所肯定的「佛理幽深」的前題，辯稱知其艱難，正當奮進，豈有「捨其本懷」之理？慧遠亦指出，自己置身於流俗之間，正是希望化其中所未化者；至於所謂「焉知死」之問，則解釋僧人追求的並非下一生的福報，倘若僧人勞神苦求下一生的快樂的話，可以說是「迷途不返」。這裏暗示僧人的理想並非下一生的快樂，乃是要求根本的解脫，捨離輪廻的生命大流。這一點慧遠在日後的論著中才有詳細討論。

　　由於慧遠覆書中立場堅定清晰，這一段入世與出家的爭論暫時平息。明年（399 年）多天，桓玄積蓄軍力，擊殺殷仲堪，又迫朝廷下詔封自己爲都督七州諸軍事，並爲荆州刺史，掩有長江中上游大部份地域，至此只須沿江東下便可兵入京師。401 年，桓玄使人屢上符瑞，預言禎祥，爲「新主將出」製造言論聲勢。（《通鑑》卷 112）明年，晉室下詔討玄，桓玄亦即揮軍東下，入京師，脅安帝下旨，自總百揆、都督中外諸軍事，任丞相之職。這時他實際上已經虛置安帝，總攬朝政。

　　爲了顯示自己的雄才，他入京師後即大興改革。改革的一個要目是整頓道子時代遺留下來的蕪雜僧團。桓玄決意汰洗僧衆。汰洗的範圍不限於京師，而是要遍及全國。這時他再次去信慧

遠，詢問他的看法。此信亡佚，慧遠的覆書〈論料簡沙門〉則見錄於《弘明集・卷12》。

從慧遠的覆書推知，當日桓玄主張全面汰洗僧團，只有三類人可以得免：一是「修禪養志」之人，二是「奉戒無虧」者，三是能「暢說義理」者。此三者略同於佛教「戒、定、慧」三學，可知桓玄對佛教有一定程度的了解。慧遠在信中亦承認「佛教陵遲，穢雜日久」，同意應該分辨清濁枉直，使「飾偽者不能訛稱通於道。」顯然慧遠深知桓玄汰洗沙門之意已決，故此只能爭取汰洗範圍的縮窄。

慧遠提出：有些僧人雖然在戒、定、慧三者俱無顯赫的成就，但其人向來心志貞正，或興建福業，或年已宿長，或自修佛典而不擅暢說，這些比較平庸的大多數僧人俱不宜汰洗，因為個別僧人的心志不容易單憑形迹上的標準來判斷真偽清濁。慧遠還指出全國汰洗產生的問題：邊遠的地方官員對佛教了解深淺不一，任由他們作主汰洗，必然發生濫權迫害的現象。

在桓玄急欲改革以建樹聲威的時候，慧遠提出這些「節制」的要求，有拂逆「聖旨」的危險，他毫不猶疑地坦陳己見，需要一定的勇氣。

《弘明集》卷12錄有桓玄下令汰洗僧眾的文書。從內容看，仍然規定除上述「戒、定、慧」三方面有大成就的僧人外，其餘悉令罷道。慧遠的意見似乎並沒有被接納。桓玄對慧遠個人的尊重則表現在：明令豁免搜簡廬山的僧團。慧遠以總持佛法為己任，所顧念的非一己僧團之存亡，對於桓玄的詔令，應是不能完全釋懷的。

三、「沙門敬拜王者」的倡議

　　桓玄下令汰洗之後，又想出另一項改革：明令沙門敬拜王侯。他去書八座，❷要他們研究此事的合宜性。這一項倡議掀起了朝廷內外的多番爭論。這時桓玄又修書慧遠，徵詢他的看法，並附上給八座建議敬拜的書信。此書函特別值得注意，因為道出了桓玄的理論所依：

> ……舊諸沙門皆不敬王者，何、庾雖已論之，而並率所見，未是以理屈也。庾意在尊主，而理據未盡；何出於偏信，遂淪名體。夫佛之為化，雖誕以茫浩，推於視聽之外，然以敬為本，此處不異。蓋所期者殊，非敬恭宜廢也。老子同王侯於三大，原其所重，皆在於資生通運，豈獨以聖人在位，而比稱二儀哉？……沙門之所以生生資存，亦日用於理命，豈有受其德而遺其禮，沾其惠而廢其敬哉？既理所不容，亦情所不安。一代之大事，宜共求其衷。

　　信中提及舊日何、庾之爭，是指晉成帝（326年登位）時車騎將軍庾冰與尚書令何充（及其他反對敬拜者）之間的爭論。桓玄以為當年的爭辯未能深究其理，認為應該重新討論。桓玄隆而重之地說這是「一代之大事」，容易使人發生錯覺，以為他仍是像當日庾冰那樣，要維護傳統的君臣秩序與倫理綱常。事實上，桓玄提出「沙門敬拜王者」的主張，出發點與理論依據都是與庾

---

❷ 晉制以六曹尚書及僕射、中書令各一人合為八座。

冰完全不同的。這一點很少有人注意到。❸

　　成帝之世的敬拜爭論中，庾冰主張敬拜，立場是維護名教綱常，　強調「父子之敬」與「君臣之序」並非虛設。　何充等人反對，論據亦只限於佛教的戒律有助王化，令其敬拜有壞佛法，亦即有損「修善之俗」。一正一反的主張都是站在儒家的道德倫理立場。（見《弘明集》卷 12）。　桓玄則以爲這只是形式秩序層面的討論，未體義理所在。

　　桓玄的理論是：王侯之德通於天地神明，表現爲資生運通，沙門亦不能自外於「生生資存」的經濟活動，因此不應不對王者之德表示敬意，況且佛教本身非無「敬」的觀念。

　　注意桓玄把討論的重點從綱常秩序轉移到王者之德上面。❹他借用了老子以王侯同天地之尊❺的觀點，把辯論從儒家範圍轉到表面上是道家的範圍去，這是適合當代思想界的風氣的。不過他避談名教而改談老子，其實隱藏了極大的私心。在倡議敬拜的時候，桓玄已經虛置安帝，正在籌劃篡位。（半年後他廢帝自立，國號楚，遷安帝於潯陽。）在這個時候他怎會眞正關心「敬拜王

---

❸　如孫廣德：《晉南北朝隋唐俗佛道爭論中之政治課題》書中第三章
　　分析桓玄、王謐與慧遠的論據，　就把三人的論點放在同一個平面
　　以邏輯眼光分析其是否成立，忽略了這並非僅僅一場平等的理論爭
　　辯。

❹　桓玄這一理論上的轉移在《弘明集卷十二・難王中令》一文中更可
　　清楚看見。論中云「君臣之敬，皆自然之所生，理篤於情本，豈是
　　名教之事邪？前論已云：天地大德曰生，通生理物，存乎王者。」

❺　《老子・第三十九章》：「昔之得一者，天得一以淸，地得一以
　　寧，神得一以靈，谷得一以盈，萬物得一以生，侯王得一以爲天下
　　貞。」

者」的君臣秩序問題？強調「王者之德」，暗示着僧人敬拜王者並非因王位所居之「位」，而是敬服王者內在之「德」。依此而推，則安帝愚騃，不堪爲帝，桓玄有德，才合宜接受敬拜。這無異將自己篡奪的計劃合理化。他不是關心僧人是否敬拜安帝，實是要他們敬拜自己，以增聲名。❻ 必須了解這一點，才可以知道慧遠面對的真正困難並非如何從義理上反駁桓玄；而是如何逆着當權者勃勃的野心提出自己反對的觀點。

四、慧遠反對沙門敬拜的理由

慧遠的覆書不能不措辭委婉。他首先表示同意桓玄「王侯同於三大」、「惠澤萬民」的看法，但是反對明令沙門敬拜王者，主要的論點是：

1. 要區分在家與出家的佛教徒。在家人依禮敬拜理所當然。出家人則是「方外之士」，不注重生活上厚生運通的一方面，故不應迫令他們敬拜。

2. 出家人之所以不重厚生運通，乃是另有其理想歸趣。慧遠點出佛教之理想在脫離輪廻之流，體證究竟真實，即所謂「求宗不順化」。爲求脫離生化之流，故棄絕世務，以高潔言行感染世俗人心。這樣，雖然不比王者直接澤

---

❻ 桓玄其人向重聲名。《晉書卷六十九‧桓玄傳》記載桓玄以歷代帝王多有隱逸之士，而己獨無，乃徵皇甫謐六世孫希之爲著作，並給資用，又令希之拒不受酬而號曰高士，時人謂之「充隱」。爲了表示自己賞識隱逸之士而硬生生製造一個「充隱」，則爲了提高聲名而使沙門敬拜也是順理成章的。

民，亦已「澤流天下」，有其自足的價值。

3. 雖然僧人未必人人俱能高潔自持，但先前旣已有汰洗之
令，若汰洗之後仍有「涇渭未分」的情況，則應該「以
道廢人，固不應以人廢道。」

（〈答桓太尉書〉、《弘明集》卷 12）

客觀而言，第一、二兩點並不能完全成立。在家人應行敬
禮，並不能反證出家人應該受豁免；出家人志願雖在脫離世俗之
流，但並不能完全避免生活上的經濟要求。倘若慧遠承認一切資
生運通的活動俱是王者之德澤的話，則不能不承認出家人亦受此
恩澤。慧遠自己在廬山建寺亦有仗刺史桓伊的經濟支持，卽是一
例。

比較重要的是第三點論據：「宜以道廢人，固不應以人廢
道。」這是一個頗有深意的文化觀點。桓玄旣然承認「佛法幽
深」，又肯定僧人中的確有可敬之行，則應該贊同佛教在中國有
長久存在的價值。若因人之蕪雜而廢除僧制（僧制包括不敬拜王
者），則佛教長久之存在變成不可能。在僧團蕪雜之環境中，依
然只能「以道廢人」，亦卽是以佛教本身的理想與標準來評核、
要求僧人，這樣佛教才可以長存。這裏可以看出慧遠具有甚深
的文化意識，能夠洞見敬拜之爭所關並非一時一地之屈膝而已。
這一點可以讓步的話，則佛教之其他僧規戒律莫不可一一退讓放
棄。慧遠堅拒敬拜王者的倡議，眞正理由在此。在以下第五節中
我們還可見到慧遠與何無忌就沙門衣飾的枝節問題熱烈爭論。所
爭雖是末節，背後保存佛教文化的意識則是一貫的。

桓玄讀慧遠信後覆書反駁：卽使出家人心中嚮往「不順化」，
理論上形軀的敬拜動作與精神上的解脫並無必然衝突，修行之心

不須因敬拜之儀而滅損。邏輯上桓玄的說法可以成立。可是考慮到當時緊張的政治形勢和桓玄的私心,以之對照慧遠的文化悲懷,就實在不能懸空地看待這敬拜的儀式問題了。

奇怪的是,在擾攘一番之後,桓玄竟然退讓,下旨令沙門不必敬拜。詔令中謂「佛法宏誕,所不能了」,似乎承認了佛教自有外人難以完全理解的自足理想,這亦即是慧遠的觀點。我們很難確定他是否因慧遠反對而將倡議作廢。前此在汰洗沙門事件中他並未接受慧遠委婉的意見,這一次也不見得忽然會完全尊重他的反對立場。較有可能的是:桓玄在朝中遭遇強烈的反對,不得不暫時擱置此事。

五、朝中士大夫的護佛力量

東晉朝臣中不乏信佛與尊重佛教之士。前者可以王謐、桓謙為代表;雖不奉佛但尊重佛教的有何無忌、劉裕等。桓玄應是忌於這些政治人物的反對才放棄「沙門敬拜王者」的倡議。

這些朝臣之中最重要的是王謐。王謐位居中書令,聯同尚書令桓謙作出反對。王謐多番在書信中與桓玄爭辯——縱使只能是小心翼翼的爭辯——佛教有無獨立價值的問題。(書信錄於《弘明集》卷 12)他的基本觀點與慧遠相同,不過身為桓玄屬下,❼更不能不謹言慎微。

值得指出:王謐本人與慧遠亦有交往。《高僧傳·慧遠傳》:

❼ 據《晉書卷六十五·王謐傳》:王謐初襲伯父位為武岡侯,「及桓玄舉兵,詔謐銜命詣玄,玄深敬昵焉。」後桓玄稱帝,亦由王謐「奉璽詣玄」,可知王謐素為桓玄麾下重臣。

> 司徒王謐護軍王默等，並欽慕風德，遙致師敬。謐修書
> 曰。年始四十而衰同耳順。遠答曰：古人不愛尺璧而重寸
> 陰。觀其所存，似不在長年耳。檀越既履順而遊性，乘佛
> 理以御心，因此而推，復何羨於遐齡？

慧遠致書中完全是訓勉的口氣，可知王謐的確事慧遠如師。
「遙致師敬」的說法應非虛讚之辭。由此亦可知，朝中大臣以慧
遠爲師者並不只王謐一人。這些人由於尊重慧遠的德風，連帶感
受到佛教的存在價值，隱然成爲朝廷中央的一股護佛的勢力。慧
遠在廬山高尙其迹，而透過這些欽敬他的士大夫得以左右朝廷對
廬山僧團乃至整個佛教的態度和政策，此亦可見他的隱遯並非但
求獨修而已。

朝中尊重慧遠（然不以遠爲師）的還有劉裕與何無忌。二者
之中劉裕未曾直接與慧遠會面，但從一節事件中可見他對慧遠的
尊信。410 年前後，奉行五斗米道的盧循領亂民兵經潯陽，曾入
山謁見慧遠。劉裕帶兵剿盧，就有人進言，謂遠與盧循「交誼甚
厚」，暗示遠之可疑。劉裕並不生疑，反而遣人致書示敬，又送
錢米齎給。慧遠死後劉裕篡晉爲宋帝，對慧遠的弟子劉遺民、宗
炳等都甚尊重，屢召爲官，各人俱不就。❽這一小事顯示劉裕的
信任，也表現出慧遠的磊落胸懷。盧循之父盧瑕與慧遠少爲書
生，是以世交關係謁遠。當時僧團中亦有人勸慧遠勿加接見，以
避嫌疑。慧遠却與盧「歡然道舊」，認爲有識之士自然亮察。結
果劉裕的確不曾生疑。

---

❽ 見《佛祖統記》卷二十六〈劉程之傳〉、《宋書》卷五十三〈宗炳
傳〉、《周續之傳》。

　何無忌似乎早與慧遠有舊交。《僧傳》記載他爲鎭南將軍，屯兵潯陽時曾與慧遠、慧永共叙。桓玄兵敗身死，晉安帝將返京師（安帝被桓玄挾持至潯陽），何無忌就曾勸慧遠趁安帝未起行前，下山覲見。從政治實利考慮，親近安帝是大有好處的。京師中道子時代的僧團已被汰洗，慧遠若博得安帝眷信，就可以把僧團的影響力擴展到京師，塡補那邊的眞空。慧遠反對沙門敬拜王侯，此時亦身體力行，稱疾拒絕。在這件事中慧遠嚴守住立場，具見氣節。

　何無忌曾與慧遠爭辯沙門袒服的問題。僧人傳統的衣著袒露右肩，何無忌以中國傳統眼光看，認爲可以非議：一是袒露身體非先王之禮；二是中國向來吉事尙左，凶事尙右，沙門不應以露右肩來示吉誠。爲此衣著問題，慧遠鄭重其事地著成〈沙門袒服論〉與〈答何鎭南難袒服論〉兩篇作答（見《弘明集》卷5）。論旨無非謂先王制禮因時而變等，並無深意。慧遠之所以鄭重其事，是爲了維護佛教的儀軌制度，免其因逐步退讓而散失消亡，這與反對沙門作敬拜之禮的出發點是互通的。

　王謐、何無忌、劉裕等人代表了朝中的一種護佛勢力。他們對佛法未必有如何深切的了解，維護佛教恐怕主要是出於對慧遠僧團的敬重。慧遠身在廬山，而能做成這樣重要的政治影響，以某種帶有成見的眼光看，這可說是「政治手腕高明」，甚至是與統治者「深相結納」之功。❾然而，這樣看慧遠與政治人物的交往，是忽略了以下幾點事實：

　1. 在所有交往中，慧遠完全沒有主動去聯絡、結納任何一

---

❾　見方立天：《慧遠及其佛學》頁三一～三三，1984。

人；相反地都是他們欽慕慧遠的德望而前來謁見，或是修書致敬。

2. 若要謀取政治好處，慧遠有不少好機會：桓玄入京師後仍甚尊重慧遠其人；安帝在潯陽時慧遠可以覲見取悅。但是慧遠的態度恰恰相反：冒着拂逆的危險，駁斥桓玄的主張，又稱病不肯出山見安帝。

3. 桓玄欲見慧遠必須入山；何無忌欲見慧遠，亦入山「爰集虎溪」，慧遠不肯趨附的原則是貫徹始終的。

這樣看來，慧遠對待政治人物的態度，並非依靠權術手段，而自有內在的一貫原則。他隱居廬山，似乎旨在建立有德望的僧團，使士俗景從，令人尊重佛教。他注重主客之別，不流連於名士的清談圈子、不趨附王侯亦避免直接受其供養。依着這些原則他建立起廬山僧團的聲望，由此為僧團爭取到相對的獨立地位。在當時要求僧團絕對獨立於皇權之外並不可能，慧遠爭取到的是使僧團在一段較長時期內受到尊重，免受政治干擾，保存了僧制儀軌。為了爭取這相當程度的獨立地位，與政治人物往來周旋是不可避免的。慧遠在這方面不但表現出「政治智慧」，更重要的是保持了不趨不避、不亢不卑的態度和堅持了對佛法的自覺承擔。

第六章 「求宗不順化」——慧遠的中心思想

　　以上數章論述了慧遠的生平：他的言行出處與人格胸懷；下面開始探討他的思想。

　　討論慧遠的思想基本的困難在於不容易遽把他納入佛教的某一支某一宗。這兒先看看他思想的駁雜性，再從看似駁雜矛盾的各部分探索其內在的一貫性。

一、慧遠思想的駁雜性

　　佛教在印度經過原始佛教、小乘時期、大乘時期，然後流入中國。大乘佛教經典眾多，流入中國後依各經典發展爲十三宗。在慧遠時代諸宗雖未正式確立，但重要的經典在中土受容納、流傳而產生影響，最少已有《般若》、《法華》和淨土的《無量壽經》。小乘佛教思想後來在中國並未成爲主流，在慧遠時代卻有重要的昆曇學與禪學流傳。慧遠的思想應當如何歸入這些分支宗派？

　　慧遠自少卽欲「總攝綱維」，具備一種博探衆流的寬弘胸懷，對大小乘各種思想俱不採取排斥態度，亦使他的佛學顯得駁雜。從另一個角度看，慧遠總持佛法的立場也反映出其時中土僧人對

西方經典的一種特殊的虔敬之情。在中土僧人看來，自己生於邊國，不可能親炙佛陀，亦無能力誦讀佛經原典，是至所遺憾的事。經典傳到中國，即令版本有誤，或殘闕不全，一律被視爲不可懷疑的聖典。慧遠自己亦有這種謹愼虔敬的心情。❶當各種經典內容顯出矛盾時，慧遠試圖疏理其中可以相通之處，以保存、標舉佛教的一體性。在這些調和工夫之中，他也間接表現了他的佛學思想。

　　學者論慧遠，一般以般若學爲其思想的中心，如湯用彤先生即謂「遠公之佛學宗旨亦在《般若》」。❷這個觀點的基礎或在於：（一）慧遠的老師道安以般若學研究知名，而慧遠是他最重要的弟子；（二）慧遠時代佛學與玄學接觸，最重要的橋樑爲般若學。慧遠早年曾在荆州參與一場般若學「心無義」的辯難，且將對手道恒難倒而獲勝，顯示他對般若學已有相當的了解。不過，若以慧遠現存的著作爲根據，實在看不出般若思想在他的佛學中具有核心的重要性。湯用彤先生說慧遠佛學旨在《般若》之餘，亦不得不另闢章節分述他的彌陀淨土思想、禪定觀佛之法與小乘的毘曇學。

　　在另一個極端，呂澂氏主張小乘「說一切有部」（特別是犢子部）的毘曇學才是慧遠思想的本源，認爲鳩摩羅什與道安的空宗思想對慧遠的影響並不明顯。❸這幾乎是取消了慧遠思想中大

---

❶　慧遠對佛典的虔敬態度見於《問鳩摩羅什大乘大義》第十章：「經說羅漢受決爲佛。又云：臨滅度時，佛立其前，講以要法。若此之流，乃出自聖典，安得不信，但未了處多。」可知他對經典中的理論困難未敢置疑，只道自己未曾了解。《大正藏》1856：133上。

❷　湯氏《漢魏兩晉南北朝佛教史・上》第十一章。

❸　呂氏《中國佛學源流略講》第四講。頁七四～八三。

乘信仰的一面。韋政通《中國思想史》第二十一章論慧遠，採用折衷的立場，說慧遠把「禪法、般若、淨土全融會到心性工夫來」，從而開拓了廬山的特殊宗風。他也列舉了慧遠思想的各部分——禪觀、般若、輪廻報應信仰、識神不滅說、般舟念佛——而以「法無異趣、殊途同歸」爲結語。然而衆多「殊途」在慧遠思想中如何「同歸」，仍然是一個疑問。

二、《沙門不敬王者論》的重要性

慧遠的思想分散在許多文章、書信、經序之中。他並不着意建構出個人的思辯式哲學體系，然而在那些零碎的著作中，未嘗不可以發現內裏前後通貫的思想。一些中心觀念在不同的篇章中反覆出現，甚至行文遣句亦一字不易。從這些反覆出現的觀念可以探求慧遠佛學的旨要。

衆多著作中，若單依題目看，以《法性論》最富哲學意味，可惜經已亡佚。就現存的文章看，最重要的是《沙門不敬王者論五篇並序》（以下簡稱《沙門論》）。

《沙門論》的著作成於桓玄篡晉敗亡之後。表面看來，此論似乎只是反對桓玄掌權時提出的「沙門應敬拜王者」的主張，入於政治課題範圍，不像是慧遠思想的中心點。可是本論的重要性絕不限於政治意義。這從幾方面可以看出來：

1. 《沙門論》分五篇。第一、二篇闡述在家與出家人禮儀出處之別。接下三篇慧遠却進而提出僧人的理想歸趣，並試圖爲此理想建立一形而上的哲學依據。其中第三篇〈求宗不順化〉與第五篇〈形盡神不滅〉討論的絕非未

節的儀軌問題，而是從根本上標舉與說明佛教的理想價
值，以求受容於中國的傳統文化。

2. 慧遠本人對此論內容極為重視。桓玄生時慧遠已去信表
明反對敬拜，至此桓玄已死，敬拜之議已息，但慧遠再
提前事，並加添反對的理論根據。從他再三致意之情可
見此論的重要。在此論的序言中他說：「深懼大法之將
淪，感前事之不忘，故著論五篇究敍微意。豈曰淵壑之
待晨露，蓋是申其罔極，亦庶後之君子崇敬佛教者，式
詳覽焉。」

3. 論中一些重要觀點在其他著作中一再出現。例如「不順
化以求宗」的觀念旣見於第二、三篇，亦出現在兩年前
寫成的〈答桓太尉書〉與五年後所作〈答何鎭南難袒服
論〉。同一觀念在七年間反覆應用，顯出它在慧遠思想
中的重要性。論中的其他觀念亦見於九年前著成的《明
報應論》。

4. 從著作時間看，《沙門論》當成於《法性論》的前後數
年間。據《高僧傳・慧遠傳》，《法性論》的主要論點
是「至極以不變為性，得性以體極為宗」。其中「體極」
與「求宗」兩觀念正是《沙門論》第三、四篇之旨，可
見兩者互相貫通。

基於上述理由，探討慧遠的思想，當從《沙門論》入手。

三、《沙門論》中「化」的觀念

《沙門論》分五篇：（一）在家：說明在家之信徒依順王化，

致敬理所當然。（二）出家：謂出家人是方外之士，不順王化，遯世以求宗，故不應行世俗之禮。（三）求宗不順化：析說僧人追求「不順化」的價值論依據。（四）體極不兼應：主張王者與聖人的外、內二道原無二致。（五）形盡神不滅：提出「神不滅」的觀點作爲多生輪迴的形而上的依據。

五篇之中，要點在「化」與「不順化」的問題。其餘的觀念：「求宗」與「順化」是相反兩極的價值取向；「體極」是脫離「化」之大流後證入終極理想境界；「神不滅」是「化」的形而上的前提。故此討論《沙門論》必先了解慧遠心目中「化」的觀念。

「化」的觀念源出於《莊子》。〈齊物論〉中言莊周化蝶、蝶化莊周，是爲「物化」。〈大宗師〉篇：「萬物之所係（繫），一化之所傳」，意亦指天地萬物同爲一大化。莊子提出萬物一化的觀念，主要是爲了解開對個人形軀的拘執，故而說順物之化。慧遠借用莊子「化」的觀念，却賦之以另一重宗教意涵：輪迴的觀念。他在《沙門論》中屢言「順化」，有兩層意義：一是狹義的順從王者之化，這是政治與經濟層面；更重要得多的是廣義的宗教層面意涵，指的是沉溺在輪迴的大流，多生受苦不絕。

從政治經濟層面說「化」，本來是桓玄的主張。桓玄認爲王侯恩澤萬民，有資生運通之德，沙門既不能免於經濟生活，自不能自外於王化，理應敬拜。桓玄聰明的地方是：當時自己有篡奪的野心，不方便提出傳統儒家名教的君臣綱常說法來支持敬拜之主張，乃把王化附會於道家的天地之化，說王侯與天地同德，俱以「得一」爲大（「得一」謂各得「道」之一面）。在玄學流行的當時，順隨天地之化是自然之理，這樣「敬拜王者」的主張也

就增強了說服力。

慧遠的答案是:「順化」本來是苦非樂,出家人不順化而另求其宗,自有他的價值理想。在〈出家二〉篇中,他說:「出家則是方外之賓,迹絕于物。其爲敎也,達患累緣於有身,不存身以息患;知生生由於稟化,不順化以求宗。」思想的立足處至爲清楚。

慧遠這個基本論點其實隱然受了莊子的影響。必須指出:莊子以天地萬物爲一化,藉以解開個人對形軀我的拘執,故言順物之化。但完全順隨物化並非最高理想。比物化更高的層次是「內不化」。《莊子‧知北遊》篇中主張外化而內不化,要求精神通於天地之眞宰,保持一內不化的常心。❹「順物之化」點破形軀的拘執;「內不化」顯出精神的自主性,層次有高低之別。慧遠時代的莊學在郭象提出「獨化」之說之後,基本上已丟失了莊子這兩層次的人生境界。「獨化」的觀念是:物各率己性即通於大化。也就是說:順自然之物性本身便是人生「理想」,這卽是當時名士生活上放浪形骸的理論依據。在這樣的風氣之中,慧遠提出「不順化以求宗」,可以說是隱然恢復了莊子外化而內不化的兩個層次,保住了人生修養的可能。

這並不是說慧遠「化」的觀念完全屬於莊子的哲學範疇。慧遠與莊子同以形軀爲累,但對於如何解脫,思路完全不同。莊子的理想是讓精神保持自由,不隨形軀日夜追逐奔馳。〈齊物論〉:「一受其形,不亡(或作不化)以待盡,與物相双相靡,其行盡如馳,而莫之能止,不亦悲乎……其形化,而心與之然,可不謂

❹ 參見唐端正〈齊物論郭注平議〉,錄于所著《先秦諸子論叢續篇》東大。

大哀乎？」精神陷溺於形軀中，不得自由，解救之道在保持住「內不化」的常心，既順物之化，又保持超然物外的自主性，則能應物不受圍於物。在莊子的哲學中，「化」指自然萬物之生化，在價值上是中性的。陷溺受困，追逐不捨，才是負面的價值。慧遠思想中「化」的意涵卻完全迥異。

四、「反本求宗」的解脫方向

在《沙門論》第三篇〈求宗不順化〉裏面，慧遠將萬物分爲有靈與無靈兩類。「有靈」不單指人，而統稱一切具有情識活動的生命（佛家言「衆生」）。慧遠以爲無靈者無情于化，可以不論；他最關心的是有情生命的輪廻流轉：

> 有情於化，感物而動，動必以情，故其生不絶。其生不絶，則其化彌廣而形彌積，情彌滯而累彌深，其爲患也，焉可勝言哉。是故經稱：泥洹不變，以化盡爲宅；三界流動，以罪苦爲場。化盡則因緣永息，流動則受苦無窮。

「化」顯然是指有情生命的多生輪廻，本質是苦，與莊子哲學的自然生化之流不同。莊子之「大哀」緣自精神陷溺於形軀之中，依形軀我之欲追逐奔馳，與自然大化之流無必然關係。精神倘如不陷溺，守住常心，可以應接萬物而又保持自由。在慧遠思想中，「化」是生命意志活動的必然結果，順化即輪廻不絶，受苦無窮；理想境的建立則是以「化盡」爲條件，如此僧人「不順化以求宗」的價值取向才可以成立。

「化盡」的理想境慧遠稱之爲「泥洹」。「泥洹」是梵語 Nirvaṇa 的舊譯，後譯爲「涅槃」。就字義解，Nirvaṇa 意指「吹散」、「消滅」（Nir: 否定辭；Vaṇa:「吹」），引申的意義有二：一是欲望之火不再燃燒的清淨境界，二是指根本脫離有欲的存在形態而入於不可思議的絕滅境中，亦指聖者死後的存在狀態。❺ 慧遠指出僧人的理想是通過修行逐漸去除感官欲取做成的煩惱（「累」），由去除情累而入於涅槃，這是「不順化以求宗」的修行方向：

> 是故反本求宗者，不以生累其神；超落塵封者，不以情累其生。不以情累其生，則生可滅；不以生累其神，則神可冥。冥神絕境，故謂之泥洹。（〈求宗不順化三〉）

「求宗」之說可以通於慧遠《法性論》見於《高僧傳》本傳的殘句：「至極以不變爲性，得性與體極爲宗」。慧遠說「求宗」意卽體證至極，而「至極」不變亦卽「泥洹」。（「泥洹不變，以化盡爲宅」）。此可見《沙門論》與《法性論》的思想一脈相承。

「泥洹不變」到底是怎樣的解脫狀態？慧遠說「不變」，容易被人把「泥洹」誤解爲一僵固的狀態，或本質性的形而上的存在。慧遠的真正意思是強調涅槃解脫境與輪廻之流方向相反。現象世界中一切生命不離生、住、壞、滅的遷流狀態，在解脫的涅槃境中生滅不起，故說「不變」。

至此已可清晰地見到慧遠思想的基本結構。他最關心的是價值論的課題，他採用「化」（輪廻）與「泥洹」作爲對立的價值

---

❺ 張曼濤：《涅槃思想研究》頁一一一～一一二。大乘文化。

範疇，以之建立僧人的理想歸趣與修行方向。

五、「求宗不順化」引起的困難

慧遠用格義的方法，以「化」來說輪廻，以「宗」來說涅槃境，可以說是煞費苦心，希望佛教的基本觀念受容於當代的思想界。不過，站在本土文化的立場看，「求宗不順化」的主張依然要遭受非難。一個困難是：慧遠雖說「求宗」，但所求之宗分明旣非老莊亦非孔孟的傳統理想。追求異地文化之「宗」，豈不是間接貶低傳統理想的價值？若是傳統自足何須外求他方之宗？第二個困難是：中國傳統中並無多生輪廻的靈魂觀。慧遠以爲生命輪廻流轉至爲可懼，從本土文化觀點這是無中生有。這兩點困難是不容易廻避的。

對於第一個困難，慧遠試圖用佛教的「化身」觀念作答。《沙門論‧體極不兼應四》：

> 常以爲道法之與名敎，如來之與堯孔，發致雖殊，潛相影響；出處誠異，終期則同。詳而辯之，指歸可見。理或有先合而後乖，有先乖而後合。先合而後乖者，諸佛如來，則其人也。先乖而後合者，歷代君王未體極之主，斯其流也。何以明之？經云：佛有自然神妙之法，化物以權，廣隨所入，或爲靈仙轉輪聖帝，或爲卿相國師道士。若此之倫，在所變現，諸王君子，莫之爲誰。此所謂合而後乖者也。

慧遠以為：儒道之教與佛教本來同源，堯孔聖賢亦可以是如來化身表現為各種殊相，這是所謂「先合而後乖」；賢君聖相雖未能體證至極，然其善行與理想日後潛生影響，終於亦可於多世之後滙向同一終極之眞實，此即「先乖而後合」。篇末由此結論：「釋迦與堯孔，發（本源）致（終極）不殊，斷可知矣。」

釋迦與堯孔同源的說法有極大的調和意味，然而慧遠並非無原則地調和佛教與儒道。他採用「化身」的觀念，在佛教思想中有其根據。慧遠在廬山曾講授《法華經》。《法華經》第二品正是方便品：其中謂：「吾從成佛以來，種種因緣，種種譬喻，廣演言敎，無數方便，引導眾生，令離諸著。」《法華》精義是「開權顯實」。慧遠所說「化物以權，廣隨所入」，或者是源自《法華》的方便義。

從思想史的角度看，「化身」說在印度佛敎的興起，是在佛陀入滅之後。釋迦牟尼在生時，弟子事他為已得究竟智慧的導師，但並無如來化身為諸佛的說法。佛陀寂滅時，勉勵弟子：「比丘見法，見法卽見我。」❻他去世後，遺留下來的「法」成為佛弟子追求眞理的唯一依藉，「法」從此漸漸由「敎法」意義提高到「眞理」的地位。在大乘佛敎時期乃有所謂「三身」說。「三身」是法身、化身、報身，指佛的三種存在狀態。「法身」謂佛陀卽是眞理自身的爾爾存在，在「法身」一詞中，「法」顯然是指眞理自身，亦卽上面說到的後起義。「法身」旣然爾爾獨存，則其眞狀不能被常人經驗把握，佛為善導眾生，於是變化展現為各種具有人格的形象，此卽「化身」。「報身」則是指佛之

❻ D. J. Kalupahana 著：《佛敎哲學——一個歷史的分析》第十章。陳銚鴻譯。香港佛敎法住學會《世界佛學名著譯叢③》。

得道，乃過去多世修行努力而生的果報。

依「化身」的觀念可以衍生多佛的思想。「法身」作爲眞理存在不生不滅，但可以化成千萬諸佛，在不同的時代展現爲多位切合時代的佛導師。這是大乘「諸佛如來」觀念的由來。慧遠正是採用了這個觀念再加以擴充，以之統攝中國傳統的聖王理想，故說佛能化爲靈仙聖帝卿相國師道士等。亦唯有如此，他「求宗」的主張才可望獲得本土文化的容納。

「化身」之說雖在一定程度上調解了本土儒道理想與佛教宗趣的矛盾，但慧遠面對的第二個困難更不易處理。這個困難卽是：中國傳統並無多生輪廻的觀念，而慧遠提出僧人「求宗不順化」的理想，正以「輪廻（化）是苦」爲大前題。慧遠對這個困難的處理見於《沙門論》第五篇〈形盡神不滅〉。此篇是慧遠價值論（求宗不順化）的形而上學基礎，我們在下一章將試作分析。

第七章 「神不滅」與「法性」——慧遠的形上學

　　〈形盡神不滅〉是《沙門論》的終結一篇。此篇富於形而上學的氣味，又可以放置在中國思想史從漢代到六朝的一段形神爭論中去分析和理解，因此「神不滅論」每每被視為慧遠思想的重心點。這個看法可以爭議。從慧遠在廬山立身行道、總攝綱維、不事王侯的生活方式看，他根本的用心處在於為佛教樹立鮮明的理想價值，一方面為出家弟子釐清修行的方向，一方面期求佛教的價值能為時代所理解、受容。他最關心的是價值論的課題，並不著意建構一套嚴謹的形而上學。在他的論著中，形上學觀念的提出只是要為價值論提供更穩固的基礎。由此而觀，「求宗不順化」才是他的終極關懷，「形盡神不滅」的主張則是為了維護「化」（輪廻）的觀念而提出的。

　　慧遠有一段與鳩摩羅什酬唱的詩偈，恰可以點出他的佛學的基本用心處。鳩摩羅什初與慧遠通信時，曾以詩偈問慧遠所體悟的佛法旨意：

> 　　既已捨染樂，心得善攝不？若得不馳散，深入實相不？
> 　　畢竟空相中，其心無所樂。若悅禪智慧，是法性無照。
> 　　虛誑等無實，亦非停心處。仁者所得法，幸願示其要。

　　鳩摩羅什此偈暗示畢竟空相中，苦樂俱無所得，這是通過對相對的觀念範疇的破斥來顯出絕對的「空」的意義。慧遠回信亦以詩偈道出自己的體會，著眼點顯然與「空」的哲學殊途：

> 本端竟何從，起滅有無際。一微涉動境，成此頹山勢。
> 感想更相乘，觸理自生滯。因緣雖無主，開途非一世。
> 時無悟宗匠，誰張握玄契。來問尚悠悠，相與期暮歲。
>
> 　　　　　　　　　　　（《高僧傳卷六・慧遠傳》）

　　依詩偈之意，慧遠最關心的是輪廻之苦。由一念之誤入於輪廻之流，有如頹山之勢，受苦無窮不止於一世。在中國傳統的鬼神觀念中，沒有輪廻的說法，其中且有一支主張人死則氣散，形盡神滅，輪廻的信仰就更加建立不起來了。慧遠正是面對「神滅論」的壓力，而不得不在《沙門論》中論說「形盡神不滅」，以之作爲「求宗不順化」的理論前題。

一、中國傳統的形神觀

　　關於中國傳統之形神觀念，錢穆先生在所著《靈魂與心》一書中多有論析。先秦儒家注重祭祀，但對鬼神之有無與相狀活動是存而不論。孔子謂「祭如在，祭神如神在」，不語怪力亂神，又說：「未事人，焉事鬼」，在在表明存而不論的態度。在民間，最初多用「魂魄」二字而少言形神。《左傳》魯昭公七年記述子產對鬼的看法，謂「人生始化曰魄，旣生魄，陽曰魂。用物精多，則魂魄強。是以有精爽，至於神明。匹夫匹婦強死，其魂魄

猶能依於人以爲淫厲。」《小戴禮記‧郊特牲篇》云：「魂氣歸於天，形魄歸於地」，可知魄指形軀，魂則指覺識，或精神。❶這裏可以見出一種自然主義的人生觀。

先秦諸子之中特以墨家言「明鬼」，但在秦漢以下並無承傳。漢代民間則道教流行，社會迷信鬼神風氣甚盛，如漢末之五斗米道即多言鬼神。不少漢代儒士爲文攻擊鬼神之迷信，其中最重要的有桓譚、楊王孫、王充諸人。桓譚著有《新論》，論中以火燭喻神形，謂神居形體，其壽長短恰如火由臘燭之長短來決定其久暫。❷燭火之喻，後來成了晉與六朝神滅爭論的主要論題。值得指出的是：漢代無神論的攻擊對象是民間道教迷信而非佛教，但其論點日後却成爲攻擊佛教輪廻觀的根據了。

在晉代佛教日漸流行，亦即成爲無神論者攻擊的新對象。比慧遠稍先的僧人竺僧敷曾著《神無形論》，力言神既無盡，故亦無形。❸此時代中感受到神滅論的壓力的僧人固不只慧遠一人！

神滅論者最有力的論點並不來自先秦儒家思想。畢竟儒家重視祭祀，即不完全反對「神不滅」的可能。但是，儒家到漢代已摻雜了不少道家（非道教）的思想，成就了一種氣化的世界觀。❹氣化的宇宙觀，追源溯始，應是來自莊子「萬物乃一氣所化」的觀念。魏晉莊學復興，「氣」的觀念在思想界根深蒂固，遂成爲「形盡神滅」的最強有力的立論根據。

---

❶ 見錢氏〈中國思想史中之鬼神觀〉，錄于《靈魂與心》頁三一～一一七。聯經。民國六十五年。

❷ 《弘明集》卷五。

❸ 《高僧傳》卷五《竺僧敷傳》。

❹ 董仲舒的天人感應說卽立足於氣化的宇宙觀。見韋政通著《董仲舒》。頁七二～七三，八九～九〇。東大，1986。

二、唯氣論的攻擊與慧遠的答辯

《沙門論・形盡神不滅五》篇中，慧遠自設問難，再加答辯。問難的立場正是唯氣論：

> 夫稟氣極於一生，生盡則消液同無。神雖妙物，故是陰陽之所化耳。旣化而爲生，又化而爲死；旣聚而爲始，又散而爲終。因此而推，固知神形俱化，原無異統，精粗一氣，始終同宅。宅全則氣聚而有靈，宅毀則氣散而照滅；散則反所受於天本，滅則復歸於無物。反復終窮，皆自然之數耳。

問難的論點最重要的前題是：（一）神雖精妙，依然只是陰陽之化；（二）神與形旣然同爲一氣所化（精者爲神，粗者爲形），自應同聚同散，故形盡則神滅。兩個前題俱立足於傳統的唯氣觀點，可說是堅固難破。

慧遠答辯中最重要的有兩點：一是「神」屬於極其精妙難以描述和規限的存在，不能簡單地與「形」同歸於一氣之化；二是借莊子薪盡火傳之喻，說明形盡神不滅的可能。

慧遠說「神不滅」，容易被誤解爲主張靈魂永恒不變，或是具有本質意義之自我，恒久常存。然而慧遠明言「泥洹不變」，又謂「冥神絕境，故謂之泥洹」，則可知「神」與「泥洹」（涅槃）之境有層次的分別，「神不滅」並非作爲理想而被提出，**實在只是輪廻信仰的哲學前題。此篇中慧遠對「神」的討論需要小**

心理解：

> 夫神者何耶？精極而為靈者也。精極則非卦象之所圖，故
> 聖人以妙物而為言，雖有上智，猶不能定其體狀，窮其幽
> 致，而談者以常識生疑，多同自亂，其為誣也，亦已深
> 矣。將欲言之，是乃言夫不可言。今於不可言之中，復相
> 與而依稀。神也者，圓應無生（或作「無主」），妙盡無
> 名，感物而動，假數而行。感物而非物，故物化而不滅；
> 假數而非數，故數盡而不窮。

引文中可注意的有三點：

1. 「神不滅」並非描述性的語辭，只能是對應「神滅」論的方便提法，因為神「不可言」，亦不能以「常識」理解，嚴格而言不能理解為具時間性的存在。

2. 「感物」謂感知外物，「假數」指依於一定的心理法則而活動，神能感物而動與假數而行，但不等同於物，甚至亦不等同於各種個別的心理活動，故不與物數俱盡。

3. 「神」被理解為「妙盡無名」的存在，雖聖人亦不能定其體狀，這其實是借用了《易傳》中「神明」觀念。《周易・繫辭上》：「陰陽不測之謂神」，又云「神無方而易無體」。周易的神明並不指人死之後的個別存在狀態，而類乎莊子中「天地之精神」，慧遠聰明地借用其意，用以極言「神」之妙不可言，是希望避免完全落在「氣」的層面來討論形神的關係。這是面對傳統唯氣論壓力時不得不作的比附。

慧遠借《易傳》「神明」的觀念來極言「神」之不可依常識去理解，繼而以莊子薪盡火傳的說法來比喻輪廻。〈形盡神不滅五〉：「（問曰）：……若令（形與神）本異，則異氣數合，合則同化，亦爲神之處。猶火之在木，其生必並，其毀必滅。形離則神散而罔寄，木朽則火寂而靡託，理之然矣。」木朽火滅之喻，並非慧遠的虛構。漢代王充反對道教的鬼神信仰，即曾在《論衡‧論死篇》云：「人之死，猶火之滅也；火滅而燿不照，人死而知不惠，二者宜同一實，論者猶謂死有知，惑也。人病且死，與火之且滅何以異？」桓譚《新論》中亦以燭火喻人壽命之長短由形體決定（《弘明集》卷5）。可知這是神滅論者頗爲常用的論點。針對這一攻擊的論點，慧遠引用莊子爲依據，是很恰當的。對反對佛教的人說輪廻，不可能要求他們無條件接受佛敎此一陌生的命題，而輪廻之存在與否又難以客觀證實，則只能在中國思想傳統中找相類似的觀念作爲支持。《莊子‧養生主》篇薪盡火傳之說，正是慧遠需要的。慧遠答辯：

> 火之傳於薪，猶神之傳於形；火之傳異薪，猶神之傳異形。前薪非後薪，則知指窮之術妙；前形非後形，則悟情數之感深。惑者見形朽於一世，便以爲神情俱喪，猶覩火窮於一木，謂終期都盡耳。此曲從養生之談，非遠尋其類者也。

莊子言薪盡火傳，本來只是以之解開人對死之執着與恐懼。形軀之小我與物同化，而天地之精神悠悠不絕，死固不可懼。莊子當然並無個體之靈魂輪廻觀念。慧遠援引莊子以爲助力，但顯

然亦是歪曲了莊子以保存佛敎輪廻的本義。這與當代名僧名士歪曲般若義以作淸談之資恰好相反。當初道安「特聽慧遠不廢俗書」，推想便是有見慧遠能「引莊子爲連類」而又不乖佛義。

三、「神」的本體義與主體義

在上面一段引文中，慧遠說「前薪非後薪」，「前形非後形」，借此表明前生與後生之形體存在形式可以殊異，但輪廻的「神」則恰如「火」之從未斷絕。問題是：慧遠心目中，「前神」與「後神」的關係如何？慧遠言神不滅，是否卽是說「前神」與「後神」本質不變？這個問題的答案不能以燭火之喻來解答。火之傳異薪，後火是否與前火無異，是不能確定的。慧遠說「神不滅」似乎是暗示了「前神」與「後神」本質不變，但如此一來就會產生許多困難。

佛敎最基本的敎義之一是「三法印」：諸行無常、諸法無我、涅槃寂靜。其中「無我」的觀念極爲重要。慧遠倘若肯定一不變之自我，即完全背離佛敎的敎義。或用哲學的語言問：慧遠佛學中的「神」是否一個本體意義的形而上存在？就《沙門論》的內容看，慧遠似乎並不意識到這個問題在理論上的重要性──他致力建立的是價值論而非精密的形上學；但是此中仍然並非無線索可尋。

慧遠在《沙門論》中說「神不滅」，側重於「神」的情識活動的影響久遠。他說：「夫情數相感，其化無端，因緣密構，潛相傳寫，自非達觀，孰識其變？」情識活動旣依潛隱複雜的因緣法（因果律）而傳遞變化，則「神」並非一僵固不變的恒久存

在，應是合理的推論。更重要的是〈形盡神不滅五〉的另一段：

> ……推此而論，則知化以情感，神以化傳；情爲化之母，神爲情之根，情有會物之道，神有冥移之功。但悟徹者反本，惑理者逐物耳。

倘若說，「神」是恒久不變的本體性的存在，那麼「反本」的說法就不能成立。慧遠心目中的「本」是指涅槃境界（與「法性」等同，見本章以下的討論），「神」在未達此終極境界之前，是自由的。也就是說，「神」依其自由抉擇，可以追逐沉溺於輪廻的大流，亦可以通過修行的工夫「悟徹」而「反本」。這樣看，「神」必須具有變化的性質，而不是某種被機械的因果律永遠決定其輪廻不止的僵固的存在。

在慧遠的著作中，「神」主要是擔任一種「主體」而非「本體」意義的角色。爲了建立他「求宗不順化」的人生觀（價值論），他必須強調輪廻的存在，這就需要有一輪廻之主體，以保證活動（業）與果報的合理性。同樣地，要提出解脫的理想，亦必須有一解脫（或努力尋求解脫）之主體。「神」正是擔任這「輪廻主體」與「解脫主體」的角色。亦是依於此義，慧遠才能提出「悟徹者反本」、「惑理者逐物」這兩個相反的生命方向。倘若要勉強定義慧遠佛學中的「神」，也許可以說：「神」是一時刻遷流變化的輪廻與解脫主體。這個意義下的「神」與佛教基本的「無我」思想並不衝突。三法印之一的「諸法無我」觀念只是要破除對「恒久常存的自我」的執着。

四、「反本」與「法性」理想

《沙門論》五篇屢言「反本」、「求宗」，而未嘗正面討論「本」與「宗」的性質。在〈求宗不順化三〉篇中，慧遠云：

> 是故反本求宗者，不以生累其神；超落塵封者，不以情累
> 其生。不以情累其生，則生可滅；不以生累其神，則神可
> 冥。冥神絕境，故謂之泥洹。

又云：

> 是故經稱：泥洹不變，以化盡為宅。

是知解脫境界中，無現象世界之生滅，情識活動寂止，故說「冥神」。但是，情識活動息止之時，「神」所體證的最高真實究竟是甚麼？答案必須在《沙門論》以外的著作中去尋找。

大約在著作《沙門論》的同期，慧遠寫成《法性論》。據《高僧傳·慧遠傳》所記，此論曾受鳩摩羅什讚賞：

> 先是中土未有泥洹常住之說，但言壽命長遠而已。遠乃歎
> 曰：佛是至極，至極則無變；無變之理，豈有窮耶。因著
> 法性論曰：至極以不變為性，得性以體極為宗。羅什見論
> 而歎曰：邊國人未有經，便暗與理合，豈不妙哉！

由這一段簡短的記載可以推知，慧遠心目中至高不變的真實

便是「法性」。「神」經過修行的努力，證入解脫境，就其從此脫離有欲多苦的輪廻世界而言，「神」是得入涅槃（泥洹），這是從主體的觀點說解脫。另一方面，「神」在解脫境中體證最終極的宇宙眞實，此眞實卽「法性」。「法性」恒久常存，並非在「神」徹悟後才產生。這是慧遠說法性不變的意思。

慧遠說「至極以不變爲性」（卽「法性」），又說「佛是至極」，可知在他心目中「佛」與「法性」等同。前章討論慧遠的「化身」觀念時已經提到：「佛」等同於「法」是大乘佛教的後出觀念。「法」被視爲宇宙之終極眞實，亦卽等同於佛陀的眞「法身」，而弟子親炙的具人格的佛，則只是這「法身」的方便變化，爲「佛化身」。關於「法身」與「佛化身」二者的理論困難，慧遠曾請教鳩摩羅什（見第十章的討論），可見他對「佛」「法」不二的概念至爲重視。

「法性」旣被理解爲最終極之眞實，亦卽具有恒存的本體意義，與現象世界相對待。本體眞實與現象世界的兩層結構，是慧遠思想中旣重要又有趣的特色。

五、「法性」與現象世界的關係

在《大智論鈔序》中，慧遠曾討論法性與現象世界的關係：

> 法性無性，因緣以之生。生緣無自相，雖有而常無。常無非絕有，猶火傳而不息。❺

----

❺ 僧祐《出三藏記集經序》卷十。《大正藏》卷五五。

在這裏，「法性」被視爲因緣（現象世界）的本原。法性本身非現象世界中可通過感知來認識的經驗對象，故而是「無性之性」。慧遠以爲，法性既屬於形而上的終極眞實，則現象世界中生滅短暫的個別存在，最終只能源於「法性」，並無個別之獨立眞實性。就此而言，現象世界之事物是沒有「自相」的。但是，仍就現象世界中觀察，事物存在瞬息流遷而始終保持一種因果的連貫性，故雖說「無」（無自相）並不等於完全否定「有」。這裏他再次引用薪盡火傳之喻。

注意慧遠這裏說的「火傳」並非在描述法性。法性自身超然於現象世界之外，不生不滅（故曰「不變」），無所謂「火傳」。「火傳」只是比喻現象世界中遷流的存在。「神」作爲輪廻的主體，其流傳似乎亦應歸入這一層次，不能視爲與「法性」同樣層次的眞實的本體存在。由於慧遠「神」的概念接近小乘有部的「自性」觀念，而慧遠又說法性是不變之性，就容易使人誤把「法性」看作小乘的「自性」觀念，這是很大的誤會。❻「法性」是大乘佛教的後起觀念，在慧遠心目中「佛」與「法性」等同，是宇宙的終極眞實存在。「神」則只是輪廻中的個別主體。「神」的情識活動必須完全冥息，才可證入法性的眞實世界。

「法性」與現象世界的關係，在《大智論鈔序》中另一段見得更清楚：

> 生塗兆於無始之境，變化構於倚伏之場，咸生於有而未有，滅於旣有而無。推而盡之，則知有無迴謝於一法，相

---

❻ 呂澂氏論慧遠思想便以爲「《法性論》的思想還是出於《心論》」。見《中國佛學源流略講》第四講。

待而非原；生滅兩行於一化，映空而無主。

　　現象世界的存在常處於生滅有無的流遷狀態，又各依因待緣而無獨立的自足本質，故是「相待而非原」。眞實的本原只能是不生不滅的「法性」。

六、慧遠的「法性」觀念與空宗的歧異

　　慧遠理解的「法性」屬於本體意義的終極眞實存在。倘若還以般若空觀來衡量，慧遠的理解是不究竟的。佛敎將一般人對「眞實」的常識性描述歸結爲四種邏輯上的可能，稱爲「四句」：（一）「有」（肯定）、（二）「非有」（「無」、否定）、（三）「亦有亦非有」（綜合的肯定）、（四）「非有非非有」（分析的否定）。慧遠以爲有無相待，同以「法性」爲本原，可以說是屬於「亦有亦非有」的第三類認識。依空宗的立場，至高絕對的眞實離言語亦離一切相對性、分析性的概念。說「法性」「亦有亦無」甚至「非有非無」，都仍然是試圖通過邏輯觀念去把握「法性」。慧遠對法性的理解，顯然未能眞正契入般若性空的義理。

　　慧遠並非不自覺自己的立場與鳩摩羅什所授的空宗之學有歧異。約在 408 年（慧遠七十五歲），鳩摩羅什的傑出弟子僧肇著成《肇論》三篇。其中第三篇〈般若無知論〉由同學竺道生帶返廬山，呈交慧遠與劉遺民觀讀。劉遺民後來代表慧遠去書僧肇，質疑「般若無知」之義。書中的問難反映了慧遠的思路。〈般若無知論〉的主旨在極言般若智之觀照並非析取性的認知，因此是「不知之照」。論中云：「聖人虛其心而實其照，終日知而未嘗

知也。」又謂:「眞智觀眞諦,未嘗取所知。智不取所知,此智何由知。然智非無知,但眞諦非所知,故眞智亦非知。」❼遺民(與慧遠)認爲般若理應無所不知,不能說是「無知」。遺民書中又謂:「論至曰,卽與法師(慧遠)詳省之。法師亦好,相領得意,但標位似各有本,或當不必理盡同矣。」❽

「標位似各有本」並非遺民自己的論斷,而是經過與慧遠共同研究之後,才致書僧肇的,可知是代表了慧遠自覺的立場。慧遠思想中的「法性」是絕對眞實,亦卽《肇論》中論及的「眞諦」。在空宗立場,絕對眞實並不能被認知,亦不能以相對的觀念範疇去把握,故說眞智所知並非眞諦,卽當其體證眞諦時,亦無所知(無概念性的認識)。慧遠亦承認「法性」是無性之性,同樣不能被感知;但他試圖把「法性」與「現象世界」組成相對待的高低層次,視前者爲「本」,後者爲「末」,這樣依然落入概念的陷阱中去了。

慧遠自覺其觀點與「空宗」各有所本,但仍然堅持其「不究竟」的立場,這又是爲什麼呢?答案仍在於:他整體思想的用心處在價值論的建立。爲了證成僧人「求宗不順化」的求道方向確有它的崇高意義,慧遠必須揭示理想境與現實世間兩個高低本末有別的層次,才能顯出明晰的方向,讓時人同情、容納、尊重佛教。「空」之義固高,在當時的清談風氣中有淪爲虛談的危機。慧遠對「法性」的特殊理解(或說誤解),可說是出於一種亟欲建立佛教理想的迫切心懷。

---

❼ 見〈般若無知論〉。《大正藏》卷四十五,頁一五三〜一五四。

❽ 《劉遺民書問》錄於《肇論》之後,同上。

第八章 總攝大小乘的修行方法

從以上二章的分析可以確認，慧遠的佛學主要致意於價值理想的建立。出家人終極的理想是涅槃，亦即體證法性，而法性被視爲與現象輪廻世間相對的究竟眞實。在求道的過程中，「神」擔任主體的職能。「神」可以逐物而輪廻不已，亦可以自覺地求取證悟，以通於法性（反本）。本章則試行探討慧遠思想中有關修行方法的部份。也就是要問：僧人通過怎樣的修行方式才能體證法性？

對於求道的法門，慧遠採取的態度是兼收並蓄。《高僧傳》說他自出家卽欲「總攝綱維」；在修行的方法上最可以見出慧遠總攝的努力。

一、大小乘思想的調和與定位

本書第二章提到，印度佛教傳入中國，並不是有秩序地引進；相反，印度的原始佛教、小乘思想與大乘各宗派是雜亂地通過譯經傳入。因此，中土的僧人如慧遠不可能全盤地通觀這些思想在印度的發展經過。慧遠心目中「佛法不二」的最高理想便是一個後出的觀念。在慧遠看來，眞實的法性是獨一無二的，不論

是佛教的那一支派，最終的理想必然要廻向法性。至於大小乘各種思想相互歧異之處，慧遠只視為修行方法重點的不同。依這樣的思路，就有可能總攝各種求道法門，使各種思想俱可以得到安放的位置。

這種種的求道法門，從最高真實的立場看，都是一種方便。在法性的理想境中，修行工夫經已圓滿，則種種門徑都可以撤消。在《大智論鈔序》中慧遠極言法性之妙，正是這樣說：

> 夫然（能了解「有無廻謝於一法」），則法無異趣，始末淪虛，有無交歸，故遊其樊者，心不待慮，智無所緣，不滅相而寂，不修定而閑，不神遇以期通焉。識空空之為玄，斯其至也！斯其極也！

此段中可以注意的是：在已體證法性的理想境中，無須再作「滅相」、「修定」、「神遇」的努力；反過來則可以推知：在未證悟法性之前，這三者正是修行的重要方法。三者之中，「滅相」是小乘毘曇的思想；「神遇」是大乘念佛三昧（般舟三昧）的修行方法；「修定」則是禪學範圍的工夫。慧遠正是兼採這多種思想，成就了他獨特的修行方法論。

二、「滅相」——慧遠的毘曇思想

慧遠的毘曇學主要得自罽賓僧人僧伽提婆。西元 391 年，提婆自洛陽來山，慧遠請留於山中譯經，六年才離去。提婆譯出《阿毘曇心論》，慧遠為之作序，對毘曇哲學甚為重視，認為是

求道的重要法門。

「毘曇」是「阿毘曇」（Abhidharma）的簡稱，又譯為「阿毘達磨」。「達磨」（Dharma）是「法」的意思。「阿毘達磨」意譯為「對法」或「勝法」。佛陀入滅後，遺留下來的教法先被整理為「經」與「律」二藏。後來弟子抽取經藏部分再加上哲學性的論析，著成許多經論，稱為「論藏」。這些經論因為經過精細的思辯而產生，被視為法之殊勝部分，故稱「勝法」。《阿毘曇心論》是小乘部派之中「說一切有部」❶的論著，從「有部」的立場對「法」作出分析。「有部」把一切事物存在分析為七十五類，❷認為這七十五範疇才是有純粹自性的存在，其餘一切存在只是這些範疇的組合體。這種近乎空想式的思辯哲學，顯然是中國傳統所無的。慧遠則依於他自己的思想模式去試行理解阿毘達磨分析哲學的意義。

在《阿毘曇心序》中，慧遠云：

> 發中之道，要有三焉：一謂顯法相以明本。二謂定己性於自然。三謂心法之生，必俱遊而同感。

❶ 釋迦牟尼入滅後，佛教僧團舉行多次結集討論經義與戒律問題，發生分裂演成多部。最先分裂為上座部與較新進的大眾部；前者復分裂為「雪山部」與「說一切有部」。「有部」後來以其論理之精密成為小乘佛教上座部的代表。大眾部則發展為大乘佛教。

❷ 一切存在被分析為「有為法」與「無為法」（如虛空）兩大類。「有為法」之中再分為「色法」（物質存在）、「心法」（心識自身）、「心所法」（心識的功能活動）、「心不相應法」（既非物質又非心識活動之存在或力量，如衰壞過程、壽命）四類。四類連「無為法」共五類可再加細分，得出七十五種範疇，有部以之試圖窮盡包羅宇宙萬物之存在，可說是一種多元實在論的哲學。

「顯法相以明本」，意指透過對法相的分析可以說明萬物的總眞相；「定己性於自然」，即把個體（自我）存在分析爲多種具純粹自性的存在範疇（「自然」在此作「自性」解）；「心法之生必俱遊而同感」是指五大類（參見❷）之中的「心」與「心所」活動是相應不離的。

這三點之中，以第二點最接近「有部」分析哲學的本來用意。有部的分析思路本來是由佛陀的「五蘊」說得啓發。佛陀發現，所謂「自我」，可以分析爲色、受、想、行、識❸ 五要素，由此而觀，自我並無本質性，由此即可說「無我」。也就是說，分析的用意在「破」執而不在建立實在的元素論。小乘有部執實了這些通過分析思維所得的自性（元素）範疇，建立成複雜無比的毘曇學。慧遠能夠透見毘曇學的出發點，知道用心在解析「自我」（「己性」），可說是非常難得的。

不過，這並不是說，慧遠已經能夠見出小乘佛教思想的發展由來。相反，他把小乘的分析哲學與大乘的「法性」理想結合起來，認爲「法相」分析是通往「法性」理想的進路。這即是所謂「顯法相以明本」了。在慧遠的佛學中，「本」就是指「法性」的絕對眞實存在。序中慧遠這樣說：

> 俱遊必同於感，則照數會之相因；己性定於自然，則達至
> 當之有極；法相顯於眞境，則知迷情之可返。心本明於三

---

❸ 「色」指肉身、物質部分；「受」是感受；「想」並非指思想，而是指對感知所得的素材的區別與理解，近於心理學之 Perception；「行」包括思想、言語、行爲的活動；「識」指意識自身。此五者合稱五蘊。「蘊」是複合之義。

觀，則覩玄路之可遊，然後練神達思，水鏡六府，洗心淨
慧，擬跡聖門。尋相因之數，即有以悟無，推至當之極，
動而入微矣。

「至當」即是「至極」，在慧遠的用語中「至極」等同法性。
慧遠以為毘曇學的意義在於解析常識性的現實世界，從而使人窺
見通往法性之路。此即所謂「即有以悟無」、「覩玄路之可遊」。
也就是說，小乘毘曇學變成了求道的叩門磚。

這樣的理想固然並不符合小乘有部的原義，在慧遠的思路中
卻顯出一定的合理性。慧遠視「法性」為唯一的絕對真實，當然
不能接受小乘有部視七十五種元素範疇為實有的觀點。把小乘毘
曇學視為破解現象世界的工具，反而更加接近佛陀五蘊說的本來
用意。

三、「修定」──慧遠對禪學的重視

依上節所引《阿毘曇心序》的說法，毘曇的法相分析是追求
法性的第一步。有了這個開始，「……則覩玄路之可遊，然後練
神達思，水鏡六府，洗心淨慧，擬跡聖門。」所謂「練神達思，
水鏡六府」，便屬於禪修的範圍。

從一個簡化的二分觀點看，毘曇分析屬於理論與思惟，禪定
則是實踐的工夫。慧遠主張從理論（破除對現象世界的執實）入
手，進而發心實踐，有其合理的邏輯性。不論是大小乘任何一支
宗派，都不會以為僅僅通過思惟分析就可以體證絕對真實境界，
各派可以有不同的禪定方法，但是絕不會否定禪定的重要性。慧

遠因此得以藉禪定之學來總攝大小乘不同的修行方法。

慧遠的禪學主要得自罽賓僧人佛馱跋陀羅（此譯覺賢）。在慧遠時代，印度佛教的各種禪法零星片段地傳入中國，或者混淆駁雜，或者難以明瞭。鳩摩羅什在關中曾經綜合大小乘各家禪法，編譯成三卷《禪要》，其實亦是駁雜不純的一個例子。覺賢的禪法得自西域大禪師佛陀斯那（又譯為佛大先），是正宗的小乘禪法。因為師承明晰，在長安普受歡迎，招致鳩摩羅什弟子不滿，終於種下了被擯出長安的後果。慧遠請覺賢入廬山譯出其所授禪經，成《修行方便禪經》，慧遠在譯序中直言鳩摩羅什所授之禪法「其道未融」，可見他對覺賢禪學的重視和推崇。

覺賢的禪法，若依慧遠序中所述，相當於後世所傳之「五門禪」。❹ 五門禪是不淨觀、慈悲觀、界分別觀、數息觀與因緣觀。其中界分別觀的修練目標是見出「異族同氣，幻形告疏」，也就是察見人身由各種具元素組成，只是幻身，無可執取。這項要求恰好與慧遠對毘曇學法相分析的理解相通，故慧遠以為毘曇學是禪定的理論起點。

寬泛地說，禪定的目的在於鍛鍊精神，克制意欲活動，也就是超越日常的具欲取性的心理活動層次，進入全新的心理世界之中。就小乘佛教而言，禪定的最高境界稱為「阿羅漢位」，在此位中一切意欲活動俱已寂滅，亦不再興起執取有欲生命的意識，稱為「無生法忍」。這一點慧遠似乎是了解的。在《修行方便禪經序》中，他說禪修的最高目標是：「超三忍以登位，垢習凝於無生，形累畢於神化。」去除形軀之累，登「無生」之位，的確

---

❹ 參看呂澂《中國佛學源流略講》第四講。頁七○～七一。

是小乘佛教的理想。

不過，在覺賢入山翻譯禪經（411 年）之前，慧遠久已建立了自己的「法性」理想觀念，因此自然而然地把小乘的解脫境與「法性」理想混爲一談了：「其爲觀也，明起不以生，滅不以盡，雖往復無際，而未始出於『如』。故曰：色不離如，如不離色，色則是如，如則是色。」（同上《禪經序》）

序中所言之「如」（Tathatā，或譯爲「如如」、「眞如」）其實是大乘佛教的觀念，意指絕對眞實爾爾自存之狀態，亦卽等同於「法性」。慧遠在這裏把大小乘的觀念混淆了。這是因爲他首先確認了「法性」爲最高理想，則禪定之修習最終亦必然要通往法性。固然，我們可以說，小乘禪定所證入的寂滅境基本上亦一眞實的境界，可以通於法性；但這始終是一種比附的說法與含糊的調和。在小乘思想中，「法」並無「絕對眞實」之義，最終的解脫境是個人意欲活動及煩惱的息止，像「法性」這樣的正面理想是未嘗出現的。

四、「神遇」——慧遠的大乘「般舟三昧」法門

慧遠一方面推崇覺賢的小乘禪法，另一方面卻又領導弟子修習大乘佛教的「般舟三昧」。「三昧」（Samādhi）意譯卽是禪定。般舟三昧（Pratyutpanna Samādhi）又稱「佛立三昧」或「佛現前」。這種禪定的經典根據爲《般舟三昧經》，是東漢支婁伽讖所譯，屬於大乘經典。據說修習此定時，能見十方諸佛現於面前。「十方諸佛」的說法是印度大乘佛教時期的後出觀念，這一點前面已有提及。慧遠對般舟三昧的重視，說明了他對大小

乘的思想與修行方法兼收並蓄，並不側重於毘曇學與小乘禪法。

慧遠重視「般舟三昧」的法門，從他的書信中可以看出來：他向鳩摩羅什請教大乘大義時，曾就《般舟三昧經》中夢的比喻提出疑問：

> 念佛三昧，般舟經念佛章中説多引夢爲喻。夢是凡夫之境，惑之與解皆自厓已還理了。而經説念佛三昧見佛，則問云……若佛同夢中之所見，則是我相之所矚想相。……若眞茲外應，則不得以夢爲喻。神通之會，自非實相，則有往來。往則是經表之談，非三昧意。❺

此段引文中可以見出三點。其一是慧遠心目中之「神遇」（神通之會）是指見佛現前。其二是證明慧遠曾經細意研究《般舟三昧經》。其三是他極關注般舟三昧的理論基礎，而自覺未曾明了。

雖然慧遠自覺未了般舟三昧眞義，但是在領導弟子修行時，他却極爲推崇這種禪法。慧遠門下弟子修習此法的人衆多，有《念佛三昧詩集》之作，慧遠爲詩集作序：

> 諸三昧其名甚衆。功高易進，念佛爲先。何者？窮玄極寂，尊號如來，體神合變，應不以方。故令人斯定者，昧然忘知，卽所緣以成鑒。鑒明則內照交映而萬象生焉……。非天下之至妙，孰能與於此哉？❻

---

❺　《大乘大義章》卷中第十一問。《大正藏》1856：134 中。

❻　《念佛三昧詩集序》。《廣弘明集》卷三十。

　　由於慧遠稱「般舟三昧」爲「念佛三昧」，容易使人誤會他主張唸佛名號求往生西方淨土。這亦是他後來被尊奉爲淨土宗始祖的原因之一。後世淨土宗的修持方式是口誦佛名以求接引，稱爲「稱名念佛」。慧遠的念佛三昧其實是一種「觀想」式的禪定，故說「昧然忘知」，又說「內照交映而萬象生」。所觀的是十方諸佛，亦與淨土宗專唸阿彌陀佛名號不同。

　　慧遠推崇的「念佛三昧」的具體內容，在《般舟三昧經》中可以得知。「般舟三昧」的修習可以分開幾個階段：

　　一是定意。「……若有菩薩所念現在。定意向十方佛。若有定意，一切得菩薩高行。何等爲定意？從念佛因緣，向佛念意不亂，從得點不捨精進，與善知識共行空。」❼

　　二是常念諸佛：「……久在三界不安隱（穩），莫忘得無爲。不欲貪欲，願棄生死。不隨人諍，不欲墮生死。常立佛前，受身計如夢。以受信不復疑，意無有異。一切滅思想過去事、未來事。今現在事等意，常念諸佛功德，自歸爲依佛。」（同上）

　　第三階段在不斷專心想佛之後，見十方諸佛：「如是……菩薩持佛威神，於三昧中立，東向視見若干百佛、若干千佛、若干萬佛、若干億佛。如是十方等悉見諸佛。」（同上）

　　見千百億佛現前仍非最終境地。《般舟三昧經》暗示，見佛形之後，仍須破除對感官認識的錯誤執着，也就是說，通過更深邃的省察，照見所見之佛並非感官對外界的認知，這樣可以將定中觀佛與一般的心理認知活動分別開來，才有可能證悟佛泥洹的最高境。經中《無著品第五》：

---

❼ 《般舟三昧經卷上・行品》。《大正藏》418：904。

……當作是念：我當從心得從身得。復更作念：佛亦不用
心得亦不用身得。……作是念：當持何等念得佛？當持身
得佛。當持智慧得佛。復作是念：亦不用身得佛，亦不用
智慧得佛。何以故？智慧索不能得。自復索我了不可得。
亦無所得，亦無所見。一切法本無所有，念有因著；無有
反言有亦著。是兩者亦不念。亦不復適得其中。但用是
故，亦不在邊，亦不在中。亦不有亦不無。何以故，諸法
空是如泥洹。

從這一段引文，可見「般舟三昧」最終的理想其實與鳩摩羅
什空宗「不執兩邊亦不執中」、「非有非無」的哲學是相通的。
依慧遠向鳩摩羅什問大乘義的提問所見，慧遠的思想可能還未透
入這個層次。他對「般舟」念佛法門的重視，似乎在於它有經
典的具體指引作入路；而依經典所言，念佛最後可證悟「佛泥
洹」，恰好與他的法性泥洹理想符合，故此可以在自己的佛學系
統中把「般舟三昧」安放在一個重要的位置上，與「毘曇」法相
分析、小乘禪學並列爲通往法性理想的三個重要法門。

五、慧遠與後世淨土宗的關係

依以上的析論，慧遠倡導的念佛三昧與後世的稱名唸佛法門
無論在形式或內容都頗爲不同。雖然如此，後世的淨土宗仍然遠
尊慧遠爲初祖，並列《般舟三昧經》爲本宗經典之一。從一種宗
教的追思感情來說，這樣做無可厚非，亦不是完全缺乏依據（見
本節下面的討論），但是倘若要求如實地了解慧遠的思想，這種

含糊的宗派觀點就會發生問題，例如黃懺華《佛教各宗大綱》說：「遠公在廬山，結蓮社，專倡淨土法門，是爲此宗初祖。」❽可說就是讓宗派觀點遮蓋了慧遠思想的眞相。即使我們接受慧遠的「般舟三昧」的確是淨土法門，也絕不能忽略，「般舟三昧」只是他推崇的多種修行方法之一，而他心目中最高的理想是體證法性而非追求往生淨土。

　　從歷史的角度看，淨土宗的創立應在慧遠去世後一百年左右。北魏僧人曇鸞（476－542）初讀龍樹空宗典籍，覺得難以契入，後曾追隨陶弘景習方術，之後遇見北印度來的僧人菩提留支，得授《觀無量壽經》，才轉而唸佛，並著成《往生論註》二卷，又提出難行道與易行道之判，認爲依唸佛法門，以阿彌陀佛願力爲緣，易於往生淨土，淨土宗由此確立。

　　淨土宗最重要的三部經典是《無量壽經》（簡稱《無經》）、《觀無量壽經》（《觀經》）、《阿彌陀經》（《阿經》）。此三經與曇鸞的《往生論註》合稱淨土三經一論。《般舟三昧經》因着慧遠的關係亦列爲其中一部旁經，但因其修行方法與三經一論的稱名念佛殊異，實際上並不被重視。在慧遠之前，《觀經》尚未有譯本，《阿經》是在鳩摩羅什410年譯出後才開始流傳。三經之中只有《無經》有東漢支讖與三國支謙舊譯。慧遠當然可能接觸此經；但就現存《僧傳》與慧遠著作來看，並沒有任何資料直接證明慧遠曾講習這部經典。然則慧遠與三經的關係，實在是並不明確的。

　　慧遠與後世淨土宗最直接相通的地方，不在其佛學思想或禪

---

❽　《佛教各宗大綱》頁四一五。天華。民國六十九年版。

修方式，而在於他曾在廬山般若精舍供奉阿彌陀佛（時稱無量受佛），並率僧俗在佛前立誓共期西方。（《高僧傳・慧遠傳》）問題是：這次宗教誓儀能否證明慧遠有「依阿彌陀佛願力往生西方」的淨土思想？

慧遠與衆弟子共期西方，並非以爲通過禮拜儀式可以輕易獲得接引。在《念佛三昧詩集序》中慧遠云：「是以奉法諸賢，咸思一揆之契，感寸陰之頹影，懼來儲之未積，於是洗心法堂，整襟清向，夜分忘寢，夙宵惟勤。」由此可知，法堂前的整襟儀式，是出於對輪廻之惕懼，由此發願修行以求解脫。發願不過是「夙宵惟勤」的艱苦禪修的起點。

值得注意的是：在慧遠時代，中土僧人視西方爲佛陀教化聖地，自己處身的中國則反而是「邊國」。僧人每每以生於「邊國」爲憾。慧遠乃師道安在《十二門經序》中自謂：「安宿不敏，生值佛後，又處異國，楷範多闕，仰希古烈，滯而未究，瘻痲憂悸，有若疾首。」遺憾之情躍然其間。慧遠的同學僧叡後依鳩摩羅什，以義理知名，亦「每行住坐臥不敢正背西方。」臨終又謂：「平生誓願生西方。」（《高僧傳卷6・僧叡傳》）可見中土僧人以未能生於印度爲憾，由此而興往生西方的嚮往，這並不一定是日後淨土宗所描述的理想中的西方清淨國土。

以上的分析是從質疑的角度來看慧遠與淨土宗的關係。倘若我們採取相反的觀點，盡量去發掘慧遠信仰阿彌陀佛的可能，則會有趣地發現：證據依然來自《般舟三昧經》而非淨土宗最重視的三經。《般舟經・行品》：

如是佛言：持是行法故致三昧，便得三昧，現在諸佛悉在

前立。何因致現在諸佛悉在前立三昧？如是颰陀和（弟子
名）……心念西方阿彌陀佛，今現在隨所聞所念，去是閒
千億萬佛剎。其國名須摩提。在眾菩薩中央說經，一切常
念阿彌陀佛。……

如是颰陀和：菩薩於是閒國土聞阿彌陀佛數數念，用是念
故，見阿彌陀佛。見佛已從問：當持何等法生阿彌陀佛
國？爾時阿彌陀佛語是菩薩言：欲來生我國者，常念我數
數，常當守念，莫有休息，如是得來生我國。

　　般舟經中雖言十方諸佛，但特別提到阿彌陀佛接引眾生到佛
國之本願；慧遠曾詳細研究《般舟三昧經》，則他在廬山供奉阿
彌陀佛像，恐怕仍是受了《般舟經》的影響。依此推論，他也可
能確有佛國的信仰，這是考證明他有淨土信仰的唯一具體資料，
然而也只是間接的資料。就慧遠的整體思想而言，他的根本主張
是首先深切地體會輪迴的無盡痛苦，由此發願脫離輪迴世界，體
證法性眞實而入涅槃境。至於追求法性的方法，則以毘曇法相分
析爲進路，破除對現象世間的執着，再而通過刻苦的禪定工夫，
希望接近法性的眞實世界。在禪定工夫上面，則兼採小乘佛大先
所傳的禪法與大乘的般舟三昧，顯然以爲兩者都指向他心目中的
法性理想。至於阿彌陀佛前的誓儀，極其量只是發願的階段，很
難說是在他的整體佛學中佔有如何重要的位置。

第九章　道安對慧遠佛學思想的影響

　　從以上三章的析論可以見到：慧遠最關注的是價值論而非形上學的問題。他的佛學以「求宗不順化」為核心，以「神」為輪廻與追求解脫的主體，「法性」則是涅槃解脫境中體證之終極真實。大小乘的修行法門一律被視為通往「法性」的方便之路，其中慧遠尤其重視毘曇學、小乘禪法和大乘「般舟三昧」。

　　在這些論述中，令人奇怪的是始終不能發現般若學在慧遠思想中佔有甚麼重要的地位。慧遠乃師道安以「性空本無」的般若義知名於時，慧遠是他最期許的弟子，不可能對乃師之學無所繼承。年輕時代的慧遠在荊州一場般若學「心無義」辯論中大露鋒芒；可是入廬山之後，慧遠却不曾在任何著作中正面討論般若性空之義，甚至當讀到僧肇所著〈般若無知論〉時，亦不能接受其中徹底破執的思路，而通過弟子劉遺民婉言表示「各有所本」。然則，慧遠是自覺他的佛學與鳩摩羅什空宗之學取向迥異的。

　　可是這就引起不少的問題了：慧遠從學道安二十餘載，何以竟未能契入般若性空之義？是因為道安本人對般若義亦未透悟，從而限制了慧遠思想的發展；抑或是慧遠自己未能承接乃師的智慧？倘若慧遠未能承繼道安的般若思想，那麼他有無受到道安思想中非般若學部分的影響？本章即試行探討這一連串的問題。

一、道安的般若學

道安重視般若經典，這是殆無疑問的。《摩訶鉢羅若波羅蜜經鈔序》中，他說：「昔在漢陰十有五載，講放光經（即《放光般若經》）歲常再遍，及至京師漸四年矣，亦恒歲二，未敢惰息。」（《出三藏記集經序》卷八）《高僧傳・道安傳》亦有相類的記載。不過，在現存的文獻中，並沒有道安的成篇論文，因此要了解他的般若學，只能依靠側面的資料和他在幾篇般若經序中對般若性空義的討論。

在道安時代的般若學派，據說有六家之多，這是劉宋時釋曇濟的提法。在六家之中道安之般若學被稱爲「本無宗」或「本無義」。唐代吉藏《中觀論疏》述說道安本無義之旨：「謂無在萬化之前，空爲衆形之始；夫人之所滯，滯在末有，若宅心本無，則異想便息。」依着這段文字，道安的「本無義」看來竟與老子的以無爲本沒有大分別了！問題是：吉藏對道安的了解有無歪曲？

比較可靠的側面資料應是僧肇所著《肇論・不眞空論》中對「本無」的批評。僧肇與慧遠是同時代人，離開「本無義」流行時期不遠；而且僧肇本人哲學智慧高，所論之「本無義」不致流於表面。〈不眞空論〉：

> 本無者，情尚于無，多觸言以賓無。故非有，有卽無；非無，無亦無。尋夫立文之本旨者，直以非有非真有，非無非真無耳。何必非有無此有，非無無彼無？此直好無之

談，豈謂順通事實，即物之情哉！❶

此段文字乍讀費解，然而實得空宗之旨。本書第七章第六節中討論空宗的立場，指出空宗基本上是否定通過任何相對的概念範疇去描述絕對（「空」）。故此，「絕對」不能被說成是「有」，亦不能說是「無」，甚至亦不能說「非有非無」或「亦有亦無」，因爲此後二者仍是以「有」、「無」的相對範疇組成的邏輯可能。在〈不眞空論〉中，僧肇批評「本無義」，應爲它太過強調對「有」「無」兩者之否定，以致落入「非有非無」之窠臼。

「情尚于無」一句中之「無」是指本無義學者採用的否定方法。持此否定方法，故遇「有」即否定之（「有即無」）；遇「無」亦否定之（「無亦無」）。這本來亦是空宗採用的破斥方法，但是「本無義」學者以爲極言「有即無」、「無亦無」就是接觸到眞實，這就把自己的否定方法看得太重要了。僧肇以爲，非有非無，只要否定過就可以了，何必要極力突出「無此有」與「無彼無」？這樣過分執着否定方法之「無」，即是誤以爲「否定工夫」本身就是絕對眞實，故此斥爲「好無之談」。

由此可見，「本無義」學者所說之「無」，絕非老子哲學中本體意義的「無」。本無義學者「無（否定）無」亦「無有」。「無無」正是否定本體意義之無，可知已經超過了這一個本體的思想層次。「本無義」學者基本上已經掌握到「空宗」的破斥之法，只是把這個方法看得太實在，流於「好無（好作否定）之談」罷了。

我們並不知道僧肇破斥之「本無義」是否就是道安的般若

---

❶　《大正藏》1858：152 上。

學。但是道安既然是稍先於僧肇的般若學本無義大師，這個可能
性是很大的。在道安本人的經序文字中，也的確可以發現破斥有
無的思想層次。《合放光光讚隨略解序》：

> 般若波羅蜜者，成無上正真道之根也。正者等也，不二入
> 也。等道有三義焉：法身也、如也、真際也。……如者，
> 爾也，本末等爾，無能令不爾也。佛之興滅，絲絲常存，
> 悠然無寄，故曰如也。法身者，一也，常淨也。有無均
> 淨，未始有名，故於戒則無戒無犯，在定則無定無亂，處
> 智則無智無愚。泯爾都忘，二三盡息，皎然不緇，故曰淨
> 也，常道也。《出三藏記經集序・卷七》

這段引文中最可注意「有無均淨」的觀點。「有」「無」是
相對概念，正如「戒」「犯」、「定」「亂」、「智」「愚」也
是相對概念。道安把這一切都否定，故而「有無均淨」、「無
戒無犯」、「無定無亂」、「無智無愚」。通過對各組相對概念
的否定，才可以說「本末等爾」。在玄學流行的當時，一般人的
思想層次是「重本輕末」，道安能夠作出「本末等爾」這一句斷
言，可見他的思想層次的確已經接近空宗破斥兩邊的哲學觀點。

道安另有《道行經序》之作，其中亦言：「執道御有，卑高
有差，此有爲之域耳，非據眞如、遊法性，冥然無名也。」在法
性的境界中無高低之概念區分，是故亦不會把解脫境視爲高於現
實世間。這才是道安「非有非無」、「本末等爾」的「本無」理
想。

二、慧遠佛學的「亦有亦無」觀點

同樣以「本末」、「有無」的範疇來考察慧遠的思想，可以得到很有啓示性的發現。在第七章第五節討論慧遠佛學中「法性」的位置時，我們已經注意到，在《大智論鈔序》中有這樣的說法：

> 法性無性，因緣以之生。生緣無自相，雖有而常無。常無非絕有，猶火傳而不息。

慧遠顯然將法性視爲現象世界的本源。現象世界時刻流遷生滅，一切存在依因待緣，故而雖有亦常無。慧遠在序中更說：「……有無迴謝於一法，相待而非原；生滅兩行於一化，映空而無主。」現象世界中一切存在無不在因緣大流中生生滅滅，唯有「法性」可以視作眞正的本原。

據此可知。慧遠心目中的「法性」是被理解爲「亦有亦無」的存在總本原。亦是依於這個思路，慧遠每每強調「本」（法性）「末」（現象世界）的高低之別。《沙門論》中慧遠提出「反本求宗」，又謂「悟徹者反本，惑理者逐物」，俱可見「本」在他的佛學中的崇高位置。

更有趣的依然是《大智論鈔序》所顯示出他對鳩摩羅什「空」的哲學的特殊理解。序中有言：「……夫然（知因緣生於法性），則法無異趣，始末淪虛，畢竟同淨，有無交歸矣。」這一段文字中前面數句顯然得自道安「本末均淨」的思想，可是由於慧遠對

「法性」作爲本原義的特殊理解，終於引不住最後加上了「有無交歸」的尾巴，清楚明白地揭示了他個人「亦有亦無」的觀點。倘若說道安的般若學旨在「本無」；那麼，慧遠以法性爲本，又視這一大本爲統攝生滅有無的最眞實存在，那麼慧遠應該算是以「本有」爲宗旨了。

從空宗的破斥觀點看，道安的「本無義」雖然偏重於「非有非無」，究竟算是看穿了「有」「無」與「本」「末」這一類相對的概念範疇的局限。相比之下，慧遠就完全不能契入空宗這種鋒銳的破斥觀點。原因也不難理解。依空宗的思路把一切概念都破斥的話，最後必然離言，對於初入求道之門的僧俗來說，無異把所有依持憑藉切斷，使人茫然無所依歸。在這一點上，道安也是看出其危險的。在《合放光光讚隨略解序》中，他指出：

> 尋衆藥之封域者，斷迹者也。高談其微迹，失其所以指南也。……宜精理其微迹，又思其所指，始可與言智已矣。

「法性」作爲絕對之存在，固然不能界定其封域（範圍），但倘若輕易高談撤除一切引導性的語言，則有斷迹之危。故道安謂：「常道，則或曰無爲，或曰復說也。此兩者同謂之智而不可相無也。」最高的道即或「離言」，亦不可完全「無言」。道安在這裏顯示出極高的自覺。在慧遠的著作中，我們並不發現同樣深度的自覺。慧遠努力標舉「求宗不順化」的理想，揭示各種通往「法性」理想的修行方法，但是對自己的思想範疇沒有作出更高層次的反省。關於這一點，下面一章會作進一步的探討。

三、道安佛學的另一面

慧遠對般若學的破斥觀點不能契入，故此可說並未承傳道安的「本無義」，而只能夠停留在「亦有亦無」的思想層次。呂澂氏認為「慧遠之學得自道安的究竟如何，這很難具體地說了。」❷單就般若學而言，慧遠受道安的影響確是並不明顯。不過，每被人忽略的是：道安的佛學並不限於智慧輕靈的般若學，亦自有其凝重憂患的另一面。

在道安的經序中，俯拾可得他對生命本質是苦的體會。《道地經序》：

> 人之處世，曚昧未袪，熙熙甘色，如饗大牢。由苦穢端，
> 幽厄九月，旣生逃遑，罹遘百凶。尋旋老死，嬰苦萬端，
> 漂溺五流，莫能自返。（《出三藏記集經序・卷 10》）

這是對佛教「四諦」❸中「苦諦」的描述，從人之輾轉生老病死見存在之痛苦本質。道安對存在痛苦本質之體會，並非完全直接取材自現實生活中的坎坷經歷，而是有他經典上的根據。

---

❷ 呂澂《中國佛學源流略講》第四講。

❸ 「四諦」指苦、集、滅、道。「苦」(Dukkha) 謂生命依於其盲目之無明意欲活動，離不開痛苦。「集」(Samudaya) 指一切存在依因緣集合而成。「滅」(Nirodha)：明瞭生命存在之因緣集合性質，則有可能消除對「自我」之執，由此而滅苦。「道」(Magga)：能泯滅自我之執，通過修持，可得解脫。

《人本欲生經序中》他清楚地說：「《人本欲生經》者，照乎十二因緣而成四諦也。本者，癡也。欲者，愛也。生者，生死也。略舉十二之三以爲目也。人在生死，莫不浪滯於三世，飄縈於九止，綢繆於八縛者也。」（同上。卷 6 ）

　　「十二因緣」與「四諦」說同樣是佛陀時代原始佛教的核心觀念。「四諦」描述從苦到解脫的可能階段（見❸），「十二因緣」則詳細描述從「無明」（盲目的意欲本能）到受生乃至老死的輪廻過程。❹ 道安譯此經所用之「本」字相當於十二因緣之「無明」；「欲」與「生」相當於「愛」、「取」、「有」、「生」、「老死」的生命過程 。 道安對「 十二因緣 」 觀念的重視亦見於《陰持入經序》：「以慧斷知入三部者，成四諦也。十二因緣訖淨法部者，成四信也。」（同上。卷 6 ）印度佛教雖發展出豐富多姿的小乘與大乘宗派，然而追溯本原，仍然是爲了解答原始佛教提出的輪廻受報、因緣觀、和解脫涅槃等課題。道安的佛學，一方面在整理研究大乘空宗的般若經典以揭示其破斥概念的哲學思想；另一方面亦的確能夠把穩原始佛教的基本倫理學課題，從

---

❹ 「十二因緣」可分開三部分。第一部分說明整體經驗世界之來源與形成。由「無明」而生「行」（意志活動）；「行」生「識」（認知能力、或意識）；「識」生「名色」（認知中主客之對分）。第二部分說明個別生命之形成。由主客之旣分而生「六入」（六種感官能力）；「六入」生「觸」（感官與客體之接觸）；「觸」生「受」（感受、卽感官經驗）；「受」生「愛」（對感受之客體生眷戀欲望）、「愛」生「取」（對客體之佔有欲）、「取」生「有」（由對生之眷戀與欲望而形成受生之力量）。 個別之自我於此成形。 第三部分說明輪廻之流。由自我成形後而受「生」；由「生」乃再有「老死」；死後原始之無明本能並不消散，於是乃有另一生之十二因緣過程。

而令般若性空有無之談不致變得浮游無根。

四、慧遠承傳原始佛教的倫理課題

在前兩章的討論中我們已經見到：慧遠佛學的根本用心處在倫理學而不在形而上學。他努力爲佛教樹立可以受世人理解接納的價值理想，借用玄學中「宗」、「本」與「化」的範疇來說明佛教「輪廻」與「解脫」的概念。《沙門論》的中心思想便是「求宗不順化」。論中云：「有情於化，感物而動，動必以情，故其生不絕。」從感物、有情於物到受生，這一列進程與「十二因緣」中「六入」到「觸」「受」「愛」「取」而到「有」「生」的因果串是相通的。（見❹）

慧遠的另一篇著作《明報應論》更具體細緻地描述他對輪廻過程的看法。論中自設問難，其中一問是：

> 若因情致報，乘惑生應，則自然之迹（或作「道」）何所寄哉？（《弘明集》卷5）

此問之旨是：倘若人之遭遇是從前的意欲活動（業）引起，則如何安放「自然」（天道）的重要位置？問難的立場近乎當時流行的「順物性則順乎天」的觀念，以爲天地之道表現爲萬物自然之性（物性），人順其物性而用，其實是天（自然）的作用。這樣處理天道與人的活動的關係，表面上尊天，但因爲在本能的層面說人的活動，便失去了道德或倫理意義。佛教業報的觀念最根本的前提却是人要爲自己的行爲負責，甚至要在多生之後承受

從前各種行為的果報。

　　慧遠對這個倫理課題把得很穩，答案也很乾脆：

　　　自然者，即我之影響耳。（同上）

　　所謂「自然」並非天定，只是說我（輪廻主體）的行為會通過一定的因果律在日後發生影響，做成果報。一切承擔在我，這便顯出清楚的道德意識。慧遠在論中詳細說明意欲活動引起的一連串影響，他的說法基本上採用「十二因緣」的因果串：

　　　無明為惑綱之淵，貪愛為眾累之府。二理俱遊，冥為神用。吉凶悔咎，唯此之動。無明掩其照，故情想滯于外物。貪愛流其性，故四大結而成形。形結則彼我有封，情滯則善惡有主。有封於彼我則私其身而身不忘；有主於善惡則戀其生而生不絕。於是甘寢大夢，昏於同迷；抱疑長夜，所存為著。是故失得相推，禍福相襲，惡積而天殃自至，罪成則地獄斯罰。此必然之數，無所容疑矣。……然則罪福之應，唯其所感，感之而然，故謂之自然。自然者，即我之影響耳。

　　與本章註❹對「十二因緣」三個階段的進程比較，便可發現慧遠在這裏其實是用玄學語言來描述同樣的因果串。從「無明掩其照」以致「情想滯於外物」，說明了「主客對立的形成」，是十二因緣的第一部份；從「貪愛流其性，故四大結而成形」以致「形結則彼我有封」，說明了「個體生命的形成」，是十二因緣

的第二部份；之後「私其身而身不忘……戀其生而生不絕」相當
於第三部份描述的生死流轉。慧遠對十二因緣的清晰認識乃至對
原始佛教業報、輪廻課題的深切體會，無可置疑是承繼了道安的
佛教倫理學。

五、回歸原始佛教的必要性

　　表面看來，道安與慧遠這樣努力提出原始佛教的課題是令人
奇怪的。「業報」、「輪廻」、「因緣」觀、「涅槃解脫」這些
觀念屬於佛學最基本的概念，本來便是大小乘各派共同信仰接受
的命題。印度佛教從漢代傳入中國，至晉代而發展到般若六家七
宗的熱鬧局面。空宗非有非無的破斥性觀點，從哲學的立場看，
內容比原始佛教的簡單命題豐富得多也有思辯趣味得多。慧遠在
這個時候提出原始佛教的一些「初階」教義，豈非成了一種倒
退？

　　要注意的是：佛教思想侵入中國並不依照它在印度興起與發
展的次序。般若性空的哲學因為在思路上接近玄學「貴無」的思
想，所以很快受思想界容納，得以生根。原始佛教的命題在概念
上雖然簡單，但在中國的思想傳統裏找不到溝通、生根的憑藉，
從漢代以來一直不受重視。道安譯介的《人本欲生經》、《陰持
入經》等蘊藏原始佛教思想的經典在思想界完全沒有做成任何影
響，這也是他的佛學被誤解為純屬般若學的原因。慧遠深深知
道，佛教的基本倫理課題未能被接受之前，無論「般若性空」的
哲學在玄談座上多麼受歡迎，都只能是一時的風光。佛教能否長
久在中國本土文化中立足，端視乎人們能否理解、接受其理想價

值與修行方式。從這一個角度看，標舉佛教的倫理觀實在是非常迫切的需要。

倘若把慧遠處身的時代與佛教在印度興起時的思想環境作一比較，便可以更加明白慧遠承傳道安的佛教倫理觀的苦心。在印度，佛教興起的時代類乎先秦諸子百家競鳴的情況。與佛教興起時期相約教派還有「耆那」(Jaina)、「正論」(Nyaya)、「數論」(Sankhya) 等。衆多教派中，除了唯物論的伽爾瓦卡 (Carvaka) 學派之外，大家都肯定「輪廻」與「業報」的哲學觀念，亦同樣努力探索「自我解脫」的可能。這些共同的觀念淵源自佛教興起之前的《奧義書》時代 (The Upanisads)。《奧義書》中很多具有哲學意味的篇章討論生命存在的本質，「自我」(Atman) 與「梵天」(Brahman) 的關係，如何認識自我，解脫如何可能等問題，日後成爲各學派的共同思想泉源。❺ 由於印度思想傳統本來就有多生輪廻的觀念、業報與解脫的思想以及對生命本質的探索，佛教不需要費氣力建立、說明這些基本概念。與其他學派比較，佛教的獨特觀點在於把「諸法」與「自我」都理解爲有條件的、受約制的存在，在因緣之流中無永恒不變的本質性。「十二因緣」的因果串亦是說明這遷流之輪廻過程。「四諦」中從「苦」到「集」（因緣條件的集合）的分析，亦是依於這個因緣觀點。

相對之下，佛教在中國遭遇的困難完全不同。中國既無多生的輪廻觀，亦無強烈的業報思想。這些基本命題不能被理解的話，修行與解脫的理想都只能變成空談。在慧遠的時代，「般若學」並不是作爲解脫之道而受時人重視，只不過「非有非無」之

---

❺ 參見: Chandradhar Sharma 著: *A Critical Survey of Indian Philosophy* Chapter 1. (1976). Motila Banarsidass 出版。

談富於玄學趣味，才被引入談座作爲玄思清談的材料而已。慧遠在多篇著作中努力提出原始佛教的觀念，從文化思想引進的角度看，是極有必要的。不過，慧遠對佛教倫理課題的重視，亦做成了他思想上的限制。更由於他試圖以形上學的法性觀念作爲倫理學的基礎，造成了很大的理論困難。這些困難即使是他自己亦深感困惑。下面一章將要探討他的思想中的理論困難與限制。

第十章 慧遠思想的內在困難

　　慧遠提出「求宗不順化」的出家修行方向，以「法性」為最高的真實存在，認為大小乘的修行方法是指向共同的「法性」理想。他的基本主張簡單而明晰，目的是使時人理解、容納佛教的理想，為出家人的求道生活方式建立理論根據。這些主張的提出却產生不少困難。外在的困難在前二章已經討論過：最大的困難是中國的思想傳統並不接受「生命多生輪廻，本質是苦」的前題，甚至沒有相近的思想可供攀援，於是佛學義理——特別是般若學非有非無之談——只能成為趣味性的玄談材料。撇開這些思想環境造成的外在困難不論，慧遠的佛學亦有不少內在的、理論上的困難，需要分析和釐清。

一、慧遠對經義的疑問

　　慧遠本人亦意識到他對佛典的理解並不透徹，對不少義理問題發生疑問。他屢次向鳩摩羅什就教，就是希望解開其中部份理論困難。這些提問錄為〈大乘大義章〉（《大正藏·卷45》），原有數十條，今只存十八條。這些提問看似瑣碎，但是結合他的佛學系統去看，却每每反映出他的佛學的理論困難所在。這十八

條問題是：

1. 問法身如何可見？

2. 法身依何理而得生？

3. 佛形何以一律端正光明？

4. 法身菩薩壽命何以有定？又何以能夠自誓不入滅？

5. 法身菩薩何以能修三十二相？

6. 菩薩受決爲佛是否只是權假之說？又問眞法身佛獨處玄廓之境，如何應接世界？

7. 神通必須借形體之四大五根顯現，法身菩薩旣無四大五根，如何有神通？

8. 菩薩煩惱已盡，何以尚有餘氣？

9. 四大造色，色能否再造色？

10. 羅漢滅度時如何具體受決爲佛？

11. 念佛三昧定中見佛，是內中自生抑或自外面感應？

12. 四相（生住異滅）有窮抑無窮、有無割斷？

13. 法性常住究竟是有是無？何以有「法性」「如來」「眞際」的不同說法？

14. 大智度論何以以色香味觸爲「實法有」？

15. 「極微」是有是無？

16. 前識與後識是續是斷？後識何以能追憶前識？

17. 遍學菩薩何以須經聲聞、獨覺兩階段才能得空？

18. 諸佛菩薩住壽如何可能？

十八條問題完全採用嚴謹的佛教名相與概念，幾乎看不見有任何流行的玄學範疇如「本末」「形神」等。這很可能暗示了：慧遠在其他論著與經序提出來的佛學觀點，是經過有意的簡化，

採用當時流行的文字形式寫成。這些觀點看似簡單明瞭，其實隱藏着複雜繁難的經義問題，慧遠自己亦未能解決，因而私下在通信中向鳩摩羅什就教。慧遠的佛學主張是仍在探索中未定形的，他並不以爲自己經已成功建構出一個完整的、容納大小乘各種觀念的思想體系。

在慧遠提問的各條之中，有些並不關乎重要的佛學義理，而只反映出慧遠對大小乘概念的混淆（九、十四、十五）。例如提問十四所言之「實法有」，在小乘有部的毘曇學中是指七十五種存在範疇，作爲具有自性（本質）的元素，在過去、現在、未來恒常存在。例如一只「花瓶」，在有部視爲各種元素的組合體，無常在的本質，現今存在，下一刻可能碎裂不復有花瓶之特性。但作爲瓶之元素之一的堅硬土質則繼續存在，有其恒存自性，通於過去未來。這是小乘所謂「三世實有、法體恒有」的觀念。慧遠把小乘這個法體實存恒有的觀念與他自己心目中的大乘「法性」觀念混同起來，因而不能理解「色香味觸何以是實法有」。在他的佛學系統中，宇宙整體存在的唯一眞實本體是「法性」，其餘一切現象俱依因緣幻化，自然亦包括色香味觸這些現象界的存在。像「實法有」這一類因混淆大小乘概念而產生的疑問，尙不能說是慧遠佛學本身的內在困難，而只能說他的思想系統不可能同時容納一切東傳的印度佛教思想，反映出其有限的外圍周延性。

由提問帶出來的最具啓發性的理論難題主要在兩方面：一是「法性自身」（卽「佛法身」、「法身」、「法性」）的存在性質及其與世間溝通的問題（一、二、六、七、十一、十三）。二是從修行過程到解脫成佛（體證法性）其間的理論困難（四、

五、六、八、十、十七、十八）。這些慧遠自覺的理論困難恰好可以結合本書以上數章對慧遠思想的論述來作進一步的分析。

二、「法性」與現象世間的割裂

在第七章討論慧遠的「法性」思想時，我們注意到，法性被視爲終極的本體性存在，亦是有無生滅世界的本原；但法性作爲絕對的眞實，本身是不生不滅的（「泥洹不變」、「至極以不變爲性」）。問題是：法性旣是超然於現象世間之外，則如何可以被體證。《沙門論》用玄學的語言籠統地說「悟徹者反本」，但是身處輪廻世間的修行者如何可能接觸絕對世界的法性存在？

慧遠在〈大乘大義章〉第十三條問到這一點：

> ……又問法性常住，爲無耶？爲有耶？若有而常住，則墮常見。若無而常住，則墮斷見；若不有不無，則必有異乎？有無者，辨而詰之，則覺愈深愈隱。想有無之際，可因緣而得也。

慧遠明顯地試圖通過「四句」的有無邏輯來理解法性。這恰恰是大乘空宗所破斥的概念性思惟。（見第七章第六節），依照慧遠的思路，法性旣是有無生滅世界的本原，則亦應可用有無範疇回溯去理解它的性質。若法性「不有不無」，完全屬於另一種形態的存在，則與現象世界完全割裂（「必有異乎」），所產生的危機是：法性成爲空懸的理想，永不可能通過現象世間的修行努力而達到。

同樣的思路引發一、十一兩條重要的提問。提問一：

> 遠問曰：佛於法身中為菩薩說經。法身菩薩乃能見之。如
> 此則有四大五根。若然者，與色身復何差別，而云法身
> 耶。經云法身無去無來，無有起滅，泥洹同像，云何可
> 見，而復講說乎？

提問十一：

> 遠問曰：念佛三昧，般舟經念佛章中說，多引夢為喻。
> ……若佛同夢中之所見，則是我相之所矚想相。專則成
> 定，定則見佛，所見之佛不自外來，我亦不往。……若真
> 茲外應，則不得以夢為喻。神通之會，自非實相，則有往
> 來。往則是經表之談，非三昧意。

　　兩條提問隱藏的恐懼是一致的：法性自身與世間割裂，難以
為世人顯現。大乘佛教有「佛法身」（法性自身）與「化身」的
觀念（第六章第五節），本來在一定程度上可以紓解這個困難。佛
法身為渡眾生，幻化成無數世十方諸佛，依善巧方便幻成化身，
為菩薩弟子說法。若依此意，則世人所能見的只可能是「化身」，
而永遠不可能真正接近法性自身。或者可以說：「佛化身」本質
上與「佛法身」等同，因此親炙佛之化身亦可通往法性自身。不
過，可經驗的化身存在仍然是現象中幻化性的存在，佛弟子接觸
的只能是其表象而非其本質，是則法身終不可知。
　　同樣的危機也存在於慧遠推崇的念佛三昧修行方法之中。

「般舟三昧」的目標是觀想十方諸佛，定中見之如在目前。倘若定中所見源於我的主觀，則只是自我的幻覺而無眞實性；若說是佛法身向禪定修行者顯現，則問題又指向同一處：法身不生不滅，不往不來（不入現象世界），如何可以「前來」進入禪定者的觀想世界？

三、對「法身」的探索是否戲論？

鳩摩羅什依於其空宗立場，一語指出慧遠對「法身如何可見」一類問題的索解全屬戲論。「若有無戲論，則離佛法。」「法性常住如虛空，無有爲無爲等戲論。」「來難之旨似同戲論。」這一個答案在羅什答覆第二、四、七、九、十三各條提問時重覆出現。依空宗立場，這樣的答案是必然的。「法性」作爲絕對存在，其性質甚至不能以「非有非無」來描述，慧遠試圖追尋它與現象世間有無的關係，自屬徒然。慧遠的提問每每採用「若此則如何、若彼則如何」的兩難問式，而此二分的思惟正是空宗根本破斥的。

若要替慧遠作辯解，則可以說：慧遠提出這些問題，並非作爲玄學思辯的遊戲，而是誠懇地欲求替自己「求宗不順化」的價值論建立理論基礎。在慧遠看來「法性」理想的絕對存在與輪廻世間是修行者價值取捨的相反兩極，一端是受苦無窮，一端是冥神絕境，自然不能不嚴分界線，割裂的危機亦由此潛藏。另一點考慮是：在大乘思想中，佛法不二，法性亦卽佛法身。若說「法性」作爲客觀存在不可能被經驗把握，豈非把「佛」亦置於廓爾獨存的孤絕境中而不能予世人任何引領？在一個恭謹依從西方聖

典的中土僧人看來，這是難以想像的。依於慧遠建立理想價值與人生方向的要求，對「法性」的探索與描述有真實的意義，並不是戲論。

不過，羅什指斥慧遠的提問為「戲論」，是有其特定的意涵，並非泛指慧遠作無意義的遊戲之談。「戲論」一詞是梵文 Prapañca 的漢譯，原意為「語言的虛構」。❶意思是思惟依語言建構而起，然而語言的運用必定要從整體真實中切割部分出來，才能成為清晰的觀念。透過語言及其指涉的概念來了解絕對真實，就空宗立場，必視為顛倒的認識。依於此義，慧遠追問法性有無，可見與不可見，畢竟是戲論。

四、菩薩修行成佛的問題

慧遠自覺的理論疑難，除了法性與世界的關係外，就是修行過程與解脫成佛的問題（四、五、六、八、十、十七、十八）。從提問的內容看，表面上慧遠只是探討法身菩薩如何修行成佛，似乎與他的整體佛學思想沒有直接關係。然而深一層看，菩薩修行的問題亦是所有修行者面對的問題。

在印度佛教的大小乘派別都有「菩薩」之說，但內容却有發展與遞變。小乘佛教時期主要視釋伽牟尼為唯一的已得解脫者和導師。菩薩即指修行時期、未解脫前的佛陀。就此了解，菩薩未成佛之前也是凡人，與凡人一樣，有煩惱、能作業亦要受報（提問八所謂「有殘氣」），在修行階段中菩薩經過多生輪廻、多生

---

❶ 見梶山雄一：《空の論理》。吳汝鈞譯。載石峻等編《現代佛學大系》㉝：頁四七～四八。彌勒。1982。

的努力， 終於成爲今日弟子追隨的解脫者佛陀。 這一個意義的
「菩薩」，是後世修行者的一個榜樣與典範，並不會發生理論上
的困難。❷

　　慧遠由於信奉十方諸佛， 思路屬於大乘佛教， 因此對「菩
薩」有不同的理解。 大乘佛教把「佛」神化， 視爲法性的「化
身」，因此菩薩不能再視作凡夫。他可以說是被「預定」要修行
成佛的。在此菩薩降生之前，已有過去無數佛之存在，此一菩薩
不過是來世間完成下一個「佛」的出現的修行工作。這引起一個
重要的問題：「修行中之菩薩有無自主性？」這個問題對一切的
修行者都有其重要意義。大乘佛教菩薩觀的另一點特色是：菩薩
入於世間， 並非因爲本身仍有煩惱習氣， 而是在已證悟解脫之
後，出於普渡世人的慈悲心，自覺地拒絕入涅槃，以無煩惱之身
化生爲有煩惱相狀的人格，以接應、救渡凡夫。這最後的一次受
生可以視爲對菩薩自己的慈悲心的鍛鍊。菩薩既依慈悲心而自願
受生，故本質上與其他凡夫不同。❸這個大乘的菩薩形象，無異
是對慧遠法性與現象世界的二分系統的理論基礎直接衝擊。倘若
無殘餘習氣，不再受報的菩薩仍可表現爲有煩惱之身，則理想與
現世便要變得混淆不清。「修行者體悟解脫眞理之後能否選擇停
留世間而不入滅？」這是大乘菩薩觀引起的第二個大問題。但根
本的問題依然是第一個：菩薩有無自主性？

---

❷ 參見 T. R. V. Murti 著《中觀哲學》第十一章：「絕對與如來」。
　 郭忠生譯。《世界佛學名著譯叢》卷六十五。華宇。

❸ 見神林隆淨：《菩薩思想的研究》頁四五〜四七，七七〜七八。許
　 洋之譯。同❷卷六十五。

五、修行自主性的問題

慧遠提問第六：「受決菩薩，爲受眞法身決？爲變化之決？若受變化之決，則釋迦受決於定光，彌勒受決於釋迦是也。斯類甚廣，皆非眞言。若受眞法身決，復成佛時，則與羣粗永唯（違），絕當十住菩薩，共爲國土，此復何功何德也？若功德有實，應無師自貴，復何人哉？如其無實則是權假之一數。」

慧遠此問之旨是：菩薩受記別爲佛，則成佛之功德是自作抑或得自於師？❹ 或者換一個說法，菩薩之所以受記別，是否由法身決定？

在慧遠的佛學思想中，法性是現象世界的本原，故菩薩之出現亦應是法身變化而來。這樣一來，菩薩之受記別爲佛，完全是法身所決定，則菩薩本身的修行無功德可言。若依業報的觀念，一切人的解脫都只能依於自己的修行努力，不可能是完全命定，否則價值論無從建立。慧遠的佛學以「神」作爲修行與解脫的主體。《沙門論》中說：「神有冥移之功，但悟徹者反本，惑理者逐物耳。」暗示了「神」有自由抉擇的可能。出家人發願修行，前題亦必基於這自覺的抉擇，如此「求宗不順化」才顯得可貴。慧遠以爲「法身」決定「化身」（亦卽菩薩）之修行遭遇，如此一來推出的結論只有兩種可能：一是菩薩成佛確屬前定，則菩薩

---

❹ 大乘佛教思想中，菩薩作爲佛弟子修行至一圓滿階段，卽受老師記別（「受決」），期許他在某一生某時某地成爲某佛。這些受決的記述多見於《法華經》。慧遠在廬山曾講習《法華》，提問可能卽由此而來。

再不能成爲一般凡夫的修行榜樣；二是菩薩與凡夫一樣是自由抉擇修行的，這樣的話，則菩薩失去其「化身」的性格亦即失去與法身的聯繫。問題又回返原處：法性與世間究竟是甚麼關係？是一種嚮往的對象而已（菩薩亦只能是遙望的理想存在）？抑或是決定世間現象的本體（是則自覺抉擇成爲不可能）？

　　值得注意的是：慧遠的提問已經開始觸及後來中國大乘佛教的重要哲學課題——「佛性」問題。佛性的問題是由慧遠同時代的竺道生提出，到百多年後吉藏（549-623 A. D.）時才引發深入的討論。❺慧遠並未擊中佛性問題的核心：修行者本身是否原本就潛有成佛的可能？成佛的潛在可能的根據是甚麼？如果用慧遠佛學的概念，則可以問：「神」旣可以通過修行而返本以體證法性，則「神」本身必須預先藏有法性的種子，否則「神」永遠只能在現象世間流轉不可能最後躍入法性眞實境中。慧遠深深恐懼「法性」與「世間」割裂以致不能相通，但顯然未能擺脫對「法法」的形而上的理解，未能從客體眞實廻返主體之解脫意義。

六、慧遠思想的根本謬誤

　　慧遠佛學的根本用心處在建立一種佛教的人生理想，由此向世人標示佛教的價值。他提出「求宗不順化」的主張，基本上是回溯至原始佛教的根源倫理學課題。他對輪廻與原始佛教的「十二因緣」觀有清晰的理解，其學得自乃師道安。從宗教哲學的觀點，只要承認「業報」與「多生輪廻受苦」的前題，則「求宗不

---

❺　參見霍韜晦：〈佛性與如來藏〉一文。錄於《佛教的現代智慧》頁五九～七五。佛教法住學會出版。

順化」的理想是可以成立的（這裏並不涉及「站在中國傳統是否可以接納多生輪廻觀」的文化問題）。「法性」作爲一種理想的「解脫境」被提出來，爲修行者建立一個努力的方向，也不成爲問題。問題與困難的癥結在於：慧遠把「法性」視爲客觀的本體性存在，視之爲世界的本原。

慧遠對法性的理解是形而上學的理解。它不生不滅，超乎現象世間又是世間的總本原，由此而引發一連串問題：旣然超乎世間則如何可以被經驗把握？如何可能透過「化身」展現於世人面前？菩薩亦生於法性，則菩薩修行如何可能有自主性？引伸而言，任何人抉擇「求宗不順化」是否亦是由法性預先決定？這些問題的困難起源都在於把「法性」視爲唯一的、決定一切的客觀性與本體性存在。慧遠沒有意識到：價值觀與人生論的課題是不能完全建立在形上學的基礎上的。在印度的原始佛教時期，佛陀對弟子的一切形上學問題都是默爾不答的，因爲形上學的命題旣不能被證實與認知，又不能推衍出倫理學的價值觀。

從第六、七章的討論可以知道，慧遠佛學的重點本來就不在形上學的思辯。他之所以要提出「形盡神不滅」與「法性常住」的理論，應或是有感於當代思想環境（如神滅論與獨化論）對佛教的重大壓力，不得不爲「求宗不順化」的價值論提供玄辯的形上根據；也可能亦是不自覺地接受了老子哲學中具本體意義的「道」的思想範疇，而誤把法性視爲宇宙本原，以之與現象世界對立起來。無論如何，這種誤解造成的理論困難，慧遠終其一生仍無法解決。

第十一章　中國佛教史上的慧遠

　　兩晉僧人中，慧遠地位頗爲重要。他的重要性不容易單從宗教觀點或哲學觀點去說明。從單純的宗教觀點看，慧遠創立了廬山僧團，在當代成爲南方佛教的領袖，與長安的鳩摩羅什僧團遙相呼應。他的彌陀信仰與念佛法門，被後世尊奉爲淨土法門的先河。不過，嚴格而言，慧遠的僧團無論在規模或成就上都難與長安僧團相比。羅什的僧團有弟子數千，翻譯出來的經論有七十四部，舉其最重要者亦有《維摩》、《法華》、《大品般若》、《小品般若》、《大智度論》、《中論》、《百論》、《十二門論》。慧遠僧團的譯經成績只有《阿毘曇心論》、《三法度論》、《方便禪經》、《十誦律》。這些工作主要依賴外地來訪的西域僧人完成。慧遠本人的成績只有一樣：將羅什譯出的《大智度論》刪節爲二十卷。從佛學文獻的整理與翻譯工作看，不論在質或量方面，廬山僧團的成績都難與羅什僧團比擬。若就弟子的成就看，兩個僧團的差別就更大了。羅什的弟子中最優秀的就有八聖十哲，其中竺道生的佛性論與僧肇的肇論三篇都能自成一家，對後世佛教哲學的影響不但超過慧遠任何一位弟子，甚至亦超過慧遠本人。廬山僧團優於長安僧團之處，只在於戒律行持的嚴整，樹立起一種道德風範。

　　從哲學角度看，慧遠並非一位具有原創性的哲學家。他的佛學主要致意於原始佛教的倫理課題：「輪廻」與「解脫」。從他的論著中雖然可發現一個兩層形式的哲學架構，但是並不嚴謹，而且把價值論的問題與形而上學混爲一談。慧遠把「法性」的絕對眞實與「輪廻」世間對立起來，一方面藉以顯出僧人的價值取捨；一方面又把「法性」理解爲現象世界的本體和來源。此外，他試圖把大小乘的哲學觀念完全視爲通往「法性」的方便法門，忽略了「法性」本身只是大乘佛學的觀念。由於這種種混淆，他的佛學中存在着各種理論困難，有些甚至是他自覺而難以解決的。哲學智慧的局限，使他不能眞正承繼道安的般若學，亦未能創發自己的哲學體系。他是一位守成的佛教思想家而非一個創發性的哲學家。

　　要洞見慧遠其人及其思想的重要性與獨特性，不能以單純的宗教觀點或哲學觀點來評斷他的貢獻，而只能綜合地觀察他整體的生命方向與言行思想。一條可能的線索是他似隱非隱的弘法方式。在本書第一章已經提到慧遠生命中似隱非隱的吊詭。廬山在晉代儘多隱士，慧遠却不完全是一位隱遯的僧人。慧遠在退居中不但擔承佛法的弘揚工作，更具希望「變俗以達其道」，❶心懷是有爲而非無爲的。

---

❶　〈答桓太尉書〉：「是故凡在出家，皆隱居以求其志，變俗以達其道。」（《弘明集》卷一二）。《沙門不敬王者論・出家二》：「凡在出家，皆遯居以求其志，變俗以達其道。……夫然者，故能拯溺俗與沉流，拔幽根於重刼，遠通三乘之津，廣開天人之路。」同篇：「如今一夫全德，則道洽六視，澤流天下，雖不處王侯之位，亦已協契皇極，在宥生民矣。」（《弘明集》卷五）

一、「似隱非隱」的含意

慧遠「退居以求有所作爲」的心懷，在早年嚮往范宣而至追隨道安的一段歷程中已經清晰可見。廬山的弘法方式只是一貫志向的延伸和具體實現而已。慧遠追求「似隱非隱」的生活方式，不但有其現實的社會及政治意義，背後隱藏的意識更且影響到他的佛學思想。這兩方面需要分別討論。

漢魏的僧人主要依靠帝王與貴族階層供養，僧人並不能冀求任何的獨立社會地位。直到晉代我們還可以見到宮中受道子供養的僧尼，奢靡宴樂，賣官晉爵，完全放棄本身的宗教行持原則。晉代玄學的流行，爲僧人的求存之道提供了另一種可能形式：依靠風流姿采與玄談機鋒在名士圈中取一席位。支遁和竺法汰是有名的例子。在當時，嚴肅的僧人最理想的出路亦只能是找尋一位奉佛而有見識的帝王，如苻堅、姚興，在其支持下弘法。然而帝王之脅絕非僧人所能抗衡，這形成了一種絕對不平等的權力關係。道安被強迫留在襄陽再而前往長安受供養，遭遇已經幸運；鳩摩羅什受姚興供養，則更被命令娶妻納妾，可以見到僧人面對君王的絕對權力是如何難以自重自持。在這樣的環境中，慧遠「似隱非隱」的弘法方式，可以說是爲僧團追求獨立社會地位的全新探索。

慧遠在廬山弘法的方式有幾個要素：一是接受地方官員（刺史桓伊）的供給，避開中央的絕對權力；二是選擇退隱的地點建寺，從地理位置上避免直接受官員的管理；三是建立德風，尋求士人的景仰與追隨，建立相當的社會基礎，亦爲佛教建立自尊的精神。這幾項要素決定了慧遠的僧團對現實政治與世俗社會應當

保持的距離。後世的佛寺多建於市俗附近的名山，然而並不完全遠匿深山，基本上亦是採用廬山僧團的形式。慧遠似隱非隱的弘法方式，從政治與社會角度看，都有「反客爲主」的意味。

「似隱非隱」的意識亦見於慧遠的佛學思想。他一方面說僧人出家是追求「退居以求其志」，一方面却又主張「變俗以達其道」，希望僧人的理想能「澤流天下」。僧人的修行工夫被視爲由俗入眞的過程，慧遠謂之「求宗不順化」。「方內」與「方外」、「在家」與「出家」、「俗」與「眞」、「化」（輪廻）與「宗本」（法性），成爲他的佛學的基本範疇。慧遠佛學的兩層次結構，在此可見端倪。

僧人一方面要退居修行，一方面要澤流天下，兩者兼顧意味着在「俗」與「眞」之間找尋恰當的立足點，「似隱非隱」的生活方式完全符合這個要求。有趣的是，從慧遠「求宗不順化」的主張，其實只可以得出「遠離世俗」的結論，並不能爲「澤流天下」提供理論依據。依照慧遠的業報信仰，每個人只能依自己的努力修行而求解脫，然則「退居」已經足夠，又何須追求「有爲」，要「變俗以達其道」，甚至「澤流天下」？

二、擔負意識與文化憂懷

答案也可以在佛教思想中找到。大乘佛教的菩薩觀念已經從「成佛之前的修行者」擴充爲「發悲願誓渡衆生」的拒絕入滅者。菩薩雖已體證無生法忍，但不捨衆生，發願先渡衆人然後自渡。慧遠「澤流天下」的思想可以在此找到根據。

問題是我們缺乏足夠的資料證明慧遠的確深受大乘菩薩觀念

的影響。慧遠在《大乘大義章》的提問中，多次探求菩薩受決爲佛與誓不入滅的問題，請鳩摩羅什解答，由此可以推知他曾接觸菩薩理論。可是這些提問集中於菩薩「誓不入滅」的理論困難。慧遠認爲已體證法性眞實則無煩惱殘氣，再次受生以形軀存在於現世間乃屬不可能。也就是說，慧遠對菩薩觀念是充滿疑惑的。以菩薩悲願來解釋慧遠的「有爲」意識，似乎會流於牽強附會。

要注意的是慧遠從一開始已有「總攝綱維，以大法爲己任」的自覺承擔。這種自覺的承擔，從第三章所述，上接東漢士大夫「以天下爲己任」的羣體意識。儒家講求「兼善天下」，這正是慧遠「澤流天下」的志願的來源。

在其著作中，慧遠不但關心「變俗」問題，更隨處流露出一種「懼大法之將亡」的歷史憂懷。《沙門論》序言中，慧遠云：「悲夫！斯乃交喪之所由，千載之否運。深懼大法之將淪，感前事之不忘，故著論五篇，究敍微意。」在〈答桓太尉書〉中，這種擔憂更加明顯：

> 貧道西垂之年，假日月以待盡。情之所惜，豈存一己？苟悟所執，蓋欲令三寶中興於命世之運，明德流芳於百代之下耳。若一旦行此（按：指明令沙門敬拜王者），佛教長淪，如來大法於茲泯滅，天人感歎，道俗革心矣！……執筆悲懍，不覺涕泗橫流！（《弘明集》卷 12）

這份歷史悲懷，並不能從慧遠自己的佛學思想中找到理論依據。慧遠既然認爲現象世間無終極之眞實性，相對於「不生不滅」的「法性」至極，必然是時刻遷流生滅的，是則一時一地的

人能否了解佛法，於法性至極無損。相反，竭力尋求爲佛法找尋「興於命世」、「流芳百代」的辦法，正是未能接受現象世間不離生滅的客觀事實。慧遠的悲懷，與其說是生於其佛學思想，不如說是出自一份不完全自覺的歷史感。

慧遠的歷史悲懷與文化意識解釋了他對佛教禮法僧規的重視。沙門袒服、不行敬拜王者之禮，這些都是「外在」的禮儀問題，慧遠對之却極其重視，以爲這關繫着佛教千載的命運。在〈答桓太尉書〉中，慧遠提出「以道廢人，固不應以人廢道」的觀點，又說倘若必定要廢道，亦必須「存其禮」，因爲「禮存則制教之旨可尋，跡廢則遂志之歡莫由……禮存則法可弘，法可弘則道可尋。」這裏隱藏着甚深的文化意識。從這個角度看，慧遠在兩晉僧人中表現出來的獨特人格，正在其強烈的擔負精神與文化意識和歷史悲懷。

三、文化悲懷影響佛學形式

強烈的歷史與文化悲懷使慧遠不可能成就一套純粹思辯性的哲學。從慧遠的悲懷必然引起這樣的想法：如何使世人更容易了解佛法，以免佛義被誤解遺忘？這樣的思路決定了慧遠佛學採用的語言和結構。

先論慧遠的佛學語言。從現存的論著與書信看來，這是一種淺近的玄學語言，特點是簡單明白然而不求準確嚴謹。試看《沙門論》中對輪廻的討論，慧遠以「化」來說輪廻，以「貪愛長流」替代了較爲複雜的「十二因緣」觀，以「神」來擔任輪廻與解脫的主體，說「反本」而不多談無生法忍與涅槃寂滅。慧遠借

用玄學語言，不完全是爲了達到概念上的「格義」目的，同樣重要的是：這些比較含糊的玄學名詞有助於簡化複雜的佛學名相，使時人容易把握。

慧遠的老師道安很早就放棄了「格義」的方法。道安在襄陽時期親自參與大量的翻譯工作，「格義」比附的方法容易歪曲佛義，道安深以爲戒。道安譯經採用嚴格的學術標準，一切以尊重本義爲依歸。❷ 慧遠在其佛學著述中大量採用玄學語言，從學術要求而言，比起乃師的標準是一種倒退。

慧遠的論著文字偏於簡單籠統，並不是因爲沒有能力採用較爲嚴謹準確的佛學語言，這一點只要翻讀《大乘大義章》任何一條提問就可以證明。試看他追問菩薩如何受生的一段：

> 從凡夫人至聲聞，得無著果，最後邊身，皆從煩惱生，結業所化也。從得法忍菩薩，上至補處大士，坐樹下取正覺者，皆從煩惱殘氣生，本習餘垢之所也。自斯之後，生理都絕。……請問所疑：得忍菩薩捨結業受法性生身時，以何理而得生耶？（《大乘大義章》第二問）

面對鳩摩羅什，慧遠使用的語言幾乎盡脫玄學色彩，然則他的其他著作所用的文字很可能經過有意的玄學化簡化，以求讀者

---

❷ 道安就經典翻譯問題有「五失本、三不易」之說。「五失本」是指爲了遷就秦語習慣或方便世人了解而刪削、歪曲胡語本義的五種錯誤；「三不易」舉出佛典中三類不適宜意譯爲秦語的名相，認爲在這些地方「音譯」比較妥當。見《出三藏記集經序》卷八，《摩訶鉢羅若波羅蜜經鈔序》。

明瞭。從另一個角度看，慧遠的佛學語言近於「口語文字」多於「書面文字」。他好像在書寫一篇篇的講詞而不致力追求嚴謹的學術風格。這與他前半生追隨道安時期負責的工作有一定關係：從道安的經序看，負責實際筆譯經典的弟子並不包括慧遠；慧遠負責的主要是登座代師說法，而在這些場合，他每每使用玄學語言講解，「使惑者曉然」。長期講說做成了照顧聽衆的習慣，加上慧遠本身「懼大法將淪」的憂懷，遂令其文字偏於淺近籠統，不脫玄學色彩了。

慧遠的佛學不但在語言上力求易解，在結構上也傾向於簡化。他把現象世間與法性對立起來，極言前者之痛苦與虛幻，後者之清淨與眞實。這樣簡單的二分好處是明晰，方便顯出佛教的價值理想與修行方向；問題是將「法性」描述爲一絕對自足自存的眞實客體存在，因而引起「法性」如何可以被認知的問題。追求明晰易解的傾向令慧遠的思路每每落入常識層面而不自覺。一個明顯的例子是追問「念佛三昧」定中見佛，究竟從外來抑或由禪定者自生。（見第十章的討論。）佛身與法身（法性）等同，與禪定者處身的世界性質相反，故而產生佛身如何可現於禪定中的問題。慧遠力求易解的佛學形式，結果限制了他的哲學思維，這是他不能成爲一位更傑出的哲學家的原因之一。

四、佛學課題的取捨

慧遠迫切的憂懷不但影響到他的佛學形式，亦決定了他關心的哲學課題。慧遠最關心的課題屬於倫理學或價值論的範圍。他雖然旁及「法性」與「神不滅」的形而上學討論，但是用意只在

支持「求宗不順化」的價值方向。慧遠對倫理學的關注可以說是
向原始佛教哲學的回歸。釋伽牟尼生前說法，對弟子提出的形而
上學問題，例如世界是否永恒、死後有無生命存在等，一概默然
不答。❸ 在有名的《箭喻經》中，佛陀謂爭論形而上學的問題，
有如身中毒箭不去求醫，却問箭從何來。❹ 慧遠的佛學用心正如
佛陀。東晉時代玄風已近末流，士人生活放誕而高談逍遙。佛教
般若學成爲談座上空談的材料。在這種風氣下，慧遠深深憂懼：
倘如佛教根本的倫理課題與價值理想都不能爲人所知，無論般若
有無之談如何受名士歡迎，終於無助於佛義的眞正流傳。慧遠迫
切要揭示佛教的本源思想，這決定了他的佛學在內容上的取捨。

　　從漢魏到兩晉，中國佛教原本已開展出兩個不同的思想方
向。一是偏重個人精神的修鍊，從禪定尋求無生法忍的解脫；二
是注重最高眞實的體悟，探討般若實相與法性眞際等課題。這兩
條思想都可以在中國道家的思想傳統中找到一點憑藉，湯用彤先
生謂之「養生成神」及「神與道合」。究其實，這兩條思路正是
佛教小乘與大乘思想的反映。慧遠的老師道安致力於般若經典的
翻譯與研究， 成爲「本無義」的代表人物； 慧遠若依這方向努
力，則或可承傳與創發大乘般若的哲學。然而因着其性格所偏，
心之所憂， 他結果是承繼了道安佛學的另一面（見第九章）， 回
歸到原始佛教的輪廻課題。慧遠固然採用「法性」觀念作爲其佛

❸ 參見 S. C. Chatterjee & D. M. Datta: *An Introduction to Indian Philosophy* 李志夫譯。頁一二五～一二六。幼獅文化。民國七十一年四版。

❹ 參見霍韜晦:《佛教的現代智慧》。頁四～七。香港佛教法住學會出版。1982。

學的最高理想，但他並不是從純粹的大乘佛學觀點來說法性，反而把大小乘（包括毘曇學）的觀念都統攝在自己簡單的二層思想結構之中，以爲各種思想無非導向法性的方便法門。慧遠的憂懷妨礙了他以較爲超然與輕靈的哲學思維去深入研究般若學的眞義，這也是他未能成就更精密的哲學的原因。

五、地位與啓示

慧遠在佛教史上的地位不能從一時一地的僧團成就來說明。他在哲學上亦未有太大的成就，充其量只是原始佛教哲學的守成者。他的重要性似乎不在其事業與狹義的哲學，而在於顯示出一位自重自持的僧人的道德人格。在當世他獲得士俗景從，亦主要在其德風。他的道德人格在一場汰洗僧團的危機中保護了廬山的僧衆，亦在士大夫階層中做成一股護佛的社會力量，這是他在東晉佛教的眞正貢獻。

強調慧遠的道德人格似乎是間接上否定了他的思想的價值和影響，這並不是完全公允的。慧遠雖然未能成就精深的哲學體系，但是他在中國佛教開始生根的時代，提出了不少非常重要的問題。這些問題的確關繫着日後佛教在中國歷史的命運。

事實上，慧遠很可能是中國佛教史上自覺地反省佛教在中國的歷史命運的第一人。這可以從幾個方面去說：

1. 佛教與統治者的關係：慧遠乃師道安昔日曾慨歎「不依國主則法事難立」，流露時艱之感；然而道安似乎只視之爲亂世中一時的困難。慧遠則自覺地思索僧團如何面對王者的問題。佛教僧團與統治階層要建立怎樣的對待

關係？ 僧人如何能避免完全受統治者控制？ 如何能保持自重又不致被攻訐爲不敬王者？慧遠在廬山「似隱非隱」的弘法方式，正是尋求在地方官員與士人階層的支持下建立相當獨立的社會地位。他的努力於後世有何具體影響，並不易言。宗教與統治權力階層的矛盾，在今日依然是重要而複雜的問題。慧遠在此表現了他的歷史洞識。

2. 佛教如何建立自足的價值：慧遠爭取僧人不須敬拜王者，事雖關乎現實政治問題，但他在《沙門論》却進而揭示出家人的修行理想。他的佛學，無論在形式或內容的取捨，都表現出力求爲世人所知的苦心。慧遠捨熱門的般若有無課題不論，致力標舉原始佛教的價值理想。他顯然意識到，佛教要在中國受容，必須提出時人可以接受的價值理想。 他注重保持僧團的嚴整德風， 恐怕亦是知道：輪廻與解脫的課題對當代的人們仍然過於陌生，僧團建立德望，有助於喚起世人尊重佛教之心。佛教的價值能被承認，才有長久存在的可能。

3. 如何保存佛法本義又使世人了解？佛教傳入中國，必須通過翻譯。文字的翻譯固然必須完全忠實，但是完全忠實的佛學語言却可能晦澀而死亡。慧遠試圖在「存眞」與「入俗」之間找尋一個中間點，以爲通過適當的簡化工夫，可以使佛法容易爲人了解又不失本義。他的努力是否成功可以爭議——外來的文化思想要在本土生根，不可能完全避免相當程度的轉化。中國佛教後來開出與印度佛教頗爲殊異的哲學面貌，慧遠努力標舉的本義問

　　題並沒有發生長遠的影響。不過，從對這方面的關注，
　　可以證明慧遠對中印文化交接所引起的問題的確作過深
　　刻的省思。
　　慧遠在中國佛教史的眞正貢獻，恐怕就在他這幾個問題上的
深刻反思。千載之下，這些問題依然未曾獲得眞正圓滿的解答。

附錄一 《沙門不敬王者論》三、
五兩篇註釋

〈求宗不順化三〉

問曰：尋乎老氏之意，天地以得一爲大，王侯以體順爲尊❶。得一，故爲萬化之本；體順，故有運通之功❷。然則明宗必存乎體極，體極必由於順化❸。是故先賢以爲美談，衆論所不能異。異夫衆論者，則義無所取，而云不順化，何耶？

答曰：凡在有方，同稟生於大化，雖羣品萬殊，精粗異貫，統極而言，唯有靈與無靈耳❹。有靈則有情於化，無靈則無情於

❶ 《老子·三十九章》：「昔之得一者，天得一以淸，地得一以寧，神得一以靈，谷得一以盈，萬物得一以生，侯王得一以爲。」「一」爲數之始，喻萬物之宗。

❷ 王侯應倣效天地之自然運化，以體順之心無爲而治，則經濟運作可以通達無礙。《老子·三十九章》：「天地之道，功盡於運化；帝王之德，理極於順通。」慧遠在這篇自設問難，提出王侯體順天地自然，故亦與天地同尊，顯然是桓玄生前提出敬拜問題時所依據的立場。桓玄《與八座書》：「老子同王侯於三大，原其所重，皆在於資生運通。」暗示王者之德與天地同尊，則僧人自不應不敬。

❸ 桓玄觀點中的「順化」是道家「順自然」之意。《老子·二十五章》：「人法地、地法天、天法道、道法自然。」注意慧遠心目中之「順化」指佛教觀念中的「輪廻」，與桓玄的用法不同。

❹ 「有靈」，謂有認識外界能力之存在。死物固爲「無靈」，卽草木亦不視爲有識之靈。慧遠把一切存在事物這樣二分，以下卽可集中討論有識生命的輪廻問題，無疑是巧妙地把提問中的自然之化引入佛教的輪廻範圍。

化❺。無情於化，化畢而生盡，生不由情，故形朽而化滅❻。有情於化，感物而動，動必以情，故其生不絕❼。其生不絕，則其化彌廣而形彌積，情彌滯而累❽彌深，其爲患也，焉可勝言哉！是故經稱：「泥洹不變，以化盡爲宅；三界流動，以罪苦爲場❾。化盡則因緣永息，流動則受苦無窮。何以明其然？夫生以形爲桎梏❿，而生由化有。化以情感，則神滯其本⓫，而智昏其照；介然有封⓬，則所存唯己，所涉唯動。於是靈轡失御，生塗日開⓭，方隨貪愛於長流，豈一受⓮而已哉？是故反本求宗者，不以

---

❺ 「有情」在此並不解作感情，而是指生命之情識活動與感官作用。佛教把生命主體之感官作用歸爲眼、耳、鼻、舌、身、意，六類，今譯爲六根，在漢時則譯爲「六情」（見《陰持入經》）。

❻ 無識之生命存在如草木不會用感知外物而生貪愛之心，故生命一世而止，形朽化滅，不發生輪廻的問題。

❼ 有識之靈感知外物而起意欲活動，活動連綿不止，故能受生不絕，多生輪廻。

❽ 「累」指煩惱。

❾ 此經文出處不詳。北本《大般涅槃經·卷二壽命品》：「三界皆無常，諸有無有樂……我今入涅槃，猶如大火滅。」意頗近之。「三界」是「欲界」「色界」「無色界」，爲一切生命的居所。「泥洹」即 Nirvāna 之舊譯，今作涅槃。「不變」非指僵固的存在，僅以之與生滅現變相對，強調泥洹狀態中再無生滅。

❿ 此引用《莊子·德充符》「至人以是爲己桎梏。」

⓫ 這是本論中「神」的初次提出，「神」在此指「輪廻主體」。謂神滯其本，似乎暗示「神」在本源上可通於法性，是則亦爲「解脫主體」。

⓬ 《莊子·齊物論》：「夫道未始有封」。《明報應論》：「形結則彼我有封……有封於彼我，則私其身而身不忘。」介然有封，謂「神」落入於有分彼我之私的現象生命個體中。

⓭ 《大智論鈔序》：「生塗兆于無始之境。」生塗，謂生命輪廻之大流。

⓮ 「一受」：受生一次。此謂輪廻不止一生。

生累其神；超落塵封者，不以情累其生。不以情累其生，則生可滅；不以生累其神，則神可冥。冥神絕境，故謂之泥洹❶。泥洹之名，豈虛稱也哉。請推而實之。天地雖以生生爲大，而未能令生者不死（不化？）；王侯雖以存存爲功，而未能令存者無患。是故前論云：達患累緣於有身，不存身以息患，知生生由於稟化，不順化以求宗，義存於此。斯沙門之所以抗禮萬乘，高尚其事，不爵王侯，而沾其惠者也。

〈形盡神不滅五〉

問曰：論旨以化盡爲至極，故造極者，必違化而求宗。求宗不由于順化，是以引歷代君王，使同之佛，令體極之至，以權居統❶，此雅論之所託，自必於大通❶者也。求之實當，理則不然。何者，夫稟氣極於一生，生盡則消液而同無。神雖妙物❶，故是陰陽之所化耳。旣化而爲生，又化而爲死；旣聚而爲始，又散而爲終。因此而推，固知神形俱化❶，原無異統，粗粗一氣，始終同宅❷。宅全則氣聚而有靈，宅毀則氣散而照滅；散則反受

---

❶ 從不受情累到泥洹的一列過程，是慧遠不順化以求宗的構想。個體生命不受情識活動之累，則不須再予執取。「神」不執取生存之欲，則可冥合於泥洹之絕境。

❶ 慧遠在《沙門論・體極不兼應四》中提出「佛有自然神妙之法，化物以權，廣隨有入」之說法，以便安放儒、道與王侯在佛教系統中之位置。故此問指慧遠「以權居統」。

❶ 大通：《莊子・大宗師》：「離形去知，同于大通，此謂坐忘。」大通者，大道也。

❶ 《易・說卦傳》「神也者，妙萬物而爲言者也。」

❶ 王充《論衡・論死篇》：「死人精神消亡，形體朽敗。」

❷ 《莊子・知北遊》：「臭腐化爲神奇，神奇復化爲腐臭，故曰通天下一氣耳。」此問借莊子一氣之說，把形神等同爲氣之粗與精之表

於大本，滅則復歸于無物。反復終窮，皆自然之數耳。孰爲之哉？若令本異，則異氣數合，合則同化，亦爲神之處形。猶火之在木，其生必並，其毀必滅。形離則神散而罔寄，木朽則火寂而靡託，理之然矣❷。假使同異之分，昧而難明。有無之說，必存乎聚散。聚散，氣變之總名，萬化之生滅。故莊子曰：「人之生，氣之聚，聚則爲生，散則爲死。❷」若死生爲彼徒苦，吾又何患？古之善言道者，必有以得之。若果然耶，至理極於一生，生盡不化，義可尋也。

　　答曰：夫神者何耶？精極而爲靈者也。精極則非卦象之所圖，故聖人以妙物而爲言❷，雖有上智，猶不能定其體狀，窮其幽致❷，而談者以常識生疑，多同自亂，其爲誣也，亦已深矣。將欲言之，易久言夫不可言。今於不可言之中，復相與而依稀。神也者，圓應無生❷，妙盡無名，感物而動，假數❷而行。感物

　　　現，可說是唯氣（物質）論。依此推論則多生世輪廻之「神」乃不可能。慧遠自問自辯，卽欲極言多生輪廻主體確實存在。

❷　桓譚〈論形神〉（《弘明集》卷五）：「精神居形體，猶火之然燭矣……氣索而死，如火燭之俱盡矣。」

❷　《莊子・知北遊》。

❷　見❶。

❷　慧遠堅稱「神」不能依常識把它與「形」同歸於一氣之化；但此點既非經驗可證，只能在中國傳統中找相類之看法。這兒「神」不可極言其質的觀點顯然借助自《易・繫辭上》「神无方而易无體」與「陰陽不測之謂神」。但《易傳》中「神明」之義實在與慧遠心目中之輪廻主體有別，而近於他思想體系中之「法性」（形而上之眞實存在）。

❷　或應作「無主」《晉襄陽丈六金像頌並序》：「圓映無主。」《大智論鈔序》：「映空而無主。」

❷　「數」指認識事物的心理法則。《阿毘曇心論》中以「數」爲「心數」，卽「心所法」。

而非物，故物化而不滅；假數而非數，故數盡而不窮❷。有情則可以物感，有識則可以數求。數有精粗，故其性各異❷；智有明暗，故其照不同。推此而論，則知化以情感，神以化傳，情爲化之母❷，神爲情之根。情有會物之道，神有冥移之功。但悟徹者反本，惑理者逐物耳❸。古之論道者，亦未有所同。請引而明之。莊子發玄音於大宗曰：「大塊勞我以生，息我以死。」又以生爲人羈（掎），死爲反眞❸。此所謂知生爲大患，以無生爲反本者也❸。文子稱黃帝之言曰：「形有靡而神不化，以不化乘化，其變無窮。」莊子亦云：「持犯人之形，而猶喜之。若人之形，萬化而未始有極。❸」此所謂知生不盡於一化，方逐物而不反者也。二子之論，雖未究其實，亦嘗傍宗而有聞焉。論者不尋無方生死之說，而惑聚散於一化；不思神道有妙物之靈，而謂精粗同

---

❷ 此謂「神」能感知外物然與外物性質有異；依心理法則活動然而不等同於這些心理活動，即使心理活動在死之時止息，神亦不與之消亡。

❷ 謂不同的有情生命依其性而有不同的心理活動能力。

❷ 意欲活動爲輪廻之根源。

❸ 這裏指出「神」在輪廻與解脫之間的自由性，是修行的重要根據。

❸ 同見《莊子·大宗師》篇。

❸ 莊子的立場是一生死以去除形軀我之累，使精神得解放，與慧遠倡舉之輪廻意義有別。〈大宗師〉：「古之眞人，不知悅生，不知惡死，其出不訢（忻），其入不距（拒），翛然而往，翛然而來而已矣。」泯除生死，並非言人死後其精神復入於輪廻大流。慧遠此處顯然是用格義之法以喻佛義。

❸ 〈大宗師〉：「特犯人之形而猶喜之，若人之形者，萬化而未始有極也。其爲樂可勝計邪。故聖人將遊於物之所不得遯而皆存。」論中「持」當作「特」。

盡，不亦悲乎？火木之喩，原自聖典❹，失其流統，故幽興莫尋，微言逡淪於常敎，令談者資之以成疑。向使時無悟宗之匠，則不知有先覺之明，冥傳之功，沒世靡聞。何者？夫情數相感，其化無端，因緣密搆，潛相傳寫，自非達觀，孰識其變？自非達觀，孰識其會？請爲論者驗之以實，火之傳於薪，猶神之傳於形；火之傳薪，猶神之傳異形。前薪非後薪，則知指窮之術妙❺；前形非後形，則悟情數之感深。惑者見形朽於一生，便以爲神情俱喪，猶覩火窮於一木，謂終期都盡耳。此由（當作「曲」）從養生之談，非遠尋其類者也。就如來論，假令神形俱化，始自天本，愚智資生，同稟所受，問所受者，爲受之於形邪？爲受之於神邪？若受之於形，凡在有形，皆化爲神矣；若受之於神，是以神傳神，則丹朱❻與帝堯齊聖；重華與瞽叟等靈❼，其可然乎？如其不可，固知冥緣之搆，著於在昔，明暗之分，定於形初。雖靈均善運，猶不能變性之自然，況降妖已還乎？驗之以理，則微言而有徵，效之以事，可無惑於大道。

---

❹ 慧遠依據何經說火木之喩出自佛典已不可考。然據呂澂氏《印度佛學源流略講》第三節，印度小乘時期有那先比丘以「如火傳薪」比喩輪廻，則慧遠應確有根據。

❺ 《莊子・養生主》：「指窮於爲薪，火傳也，不知其盡也。」

❻ 丹朱，傳說中帝堯之子，而無帝堯的才德。見袁珂著《中國當代神話》。

❼ 重華卽姚舜。瞽叟爲其父，從後妻之言謀害舜。同見上。慧遠反對常識層面的「以神傳神」，是要說明他心目中的「神」並非具有人格性的心理自我（故與西方之靈魂不同）而是形而上的輪廻主體。設若不滅之「神」仍具生前之心理特質，則智力與品性俱不變，則舜與其父品性應該一致。慧遠在此混淆了「上一代」與「前一生」的概念，論點流於牽強。

附錄二　慧遠年表

　　現有的慧遠年譜包括陳統〈慧遠大師年譜〉（載張曼濤編：現代佛教學術叢刊⑥《淨土宗史論》）、日人木村英一編《慧遠研究》中所錄之〈廬山慧遠年譜〉、方立天《慧遠及其佛學》附錄〈慧遠年表〉三種。以下之年表經比較三種年譜異同，並湯用彤《漢魏兩晉南北朝佛教史》論慧遠部分與《晉書》、《宋書》、《通鑑》而成。

東晉成帝咸和九年甲午（公元334年）	慧遠1歲	生於幷州雁門郡樓煩縣（今山西崞縣東）。俗姓賈。世爲冠族。釋道安二十三歲，在冀州。
成帝咸康元年乙未（335年）	2歲	道安自冀州入鄴，事師佛圖澄。
成帝咸康二年丙申（336年）	3歲	
成帝咸康三年丁酉（337年）	4歲	弟生。後與慧遠一同出家，法名慧持。
成帝咸康四年戊戌（338年）	5歲	
成帝咸康五年己亥（339年）	6歲	
成帝咸康六年庚子（340年）	7歲	晉中書監庾冰欲令沙門拜敬王者，尙書令何充等議不應拜敬，事暫息。
成帝咸康七年辛丑（341年）	8歲	
成帝咸康八年壬寅（342年）	9歲	

康帝建元元年癸卯 （343 年）	10歲	「弱而好書，珪璋秀發」。
康帝建元二年甲辰 （344 年）	11歲	鳩摩羅什生，小慧遠十歲。
穆帝永和元年乙巳 （345 年）	12歲	
穆帝永和二年丙午 （346 年）	13歲	離家隨舅令狐氏南下許昌、洛陽求學，爲書生。
穆帝永和三年丁未 （347 年）	14歲	
穆帝永和四年戊申 （348 年）	15歲	十二月佛圖澄圓寂於鄴。道安還冀州。
穆帝永和五年乙酉 （349 年）	16歲	四月後趙石虎崩，彭城王石遵弒太子石世自立。遣中使請道安入華林園。十一月涼王石鑒弒石遵自立，國中大亂。
穆帝永和六年庚戌 （350 年）	17歲	閏正月大將軍冉閔殺石鑒自立，改國號魏。
穆帝永和七年辛亥 （351 年）	18歲	正月苻健稱王於長安，國號秦。是歲後趙所徙青、雍、幽、荊諸州民，及胡人數百萬欲各還本土，道路交錯，互相殺掠，中原大亂，饑疫。
穆帝永和八年壬子 （352 年）	19歲	四月前燕攻鄴，斬冉閔。是年大旱蝗災，饑民相食。
穆帝永和九年癸丑 （353 年）	20歲	道安至太行恒山，建寺講學。
穆帝永和十年甲寅 （354 年）	21歲	遠與弟欲往豫章就學范宣，以道阻不果。聞道安在恒山弘法，聲名甚著，乃與弟往依道安。後聞道安講般若經，豁然有悟，遂與弟一同落髮爲僧。弟名慧持。
穆帝永和十一年乙卯（355 年）	22歲	
穆帝永和十二年丙辰（356 年）	23歲	遠既受業，屬然不羣，常欲總攝綱維，以大法爲己任。精思諷持，以夜續晝，貧旅無資，同學釋曇翼時給遠燈燭之費。

穆帝升平元年丁巳 (357 年)	24歲	登座講說，引莊子爲連類釋說實相義，使惑者曉然。自是道安特許遠不廢俗書。同學釋法遇、釋曇徽亦皆推服。約于是年道安同學竺法汰率弟子南下建康，途至荆州遇疾，停江陵。遠奉師命往問疾。適逢法汰使弟子與主張「心無義」的道恒辯難。遠就席攻難，道恒不能答，心無義遂息。
穆帝升平二年戊午 (358 年)	25歲	
穆帝升平三年己未 (359 年)	26歲	佛馱跋陀羅（此譯覺賢）生。
穆帝升平四年庚申 (360 年)	27歲	
穆帝升平五年辛酉 (361 年)	28歲	以旱蝗災並寇賊縱橫，慧遠隨道安等五百餘人入王屋女機山。
哀帝隆和元年壬戌 (362 年)	29歲	
哀帝興寧元年癸亥 (363 年)	30歲	隨道安等五百餘人渡河至晉司州河南陸渾山。
哀帝興寧二年甲子 (364 年)	31歲	以燕軍逼陸渾，隨道安等南投荆州南陽。
哀帝興寧三年乙丑 (365 年)	32歲	四月名士習鑿齒與道安書，勸道安東徙。
廢帝太和元年丙寅 (366 年)	33歲	隨道安等離南陽南下，經新野至梁州襄陽。釋法和自新野入蜀。釋慧永欲與慧遠南往羅浮山棲居，遠爲道安所留，永先行。永在江州潯陽被陶範所留，於廬山西北麓爲建西林寺。 是年起道安講放光般若經，歲常再遍。
廢帝太和二年丁卯 (367 年)	34歲	
廢帝太和三年戊辰 (368 年)	35歲	
廢帝太和四年己巳 (369 年)	36歲	桓玄生，小慧遠三十五歲。

廢帝太和五年庚午（370 年）	37歲	
簡文帝咸安元年辛未（371 年）	38歲	
簡文帝咸安二年壬申（372 年）	39歲	
孝武帝寧康元年癸酉（373 年）	40歲	七月荊州刺史桓豁加封征西將軍，鎮江陵，要道安前往，慧遠隨道安赴江陵。
孝武帝寧康二年甲戌（374 年）	41歲	隨道安自江陵返襄陽。道安以白馬寺狹，別以張殷宅建檀溪寺。道安撰經錄。
孝武帝寧康三年乙亥（375 年）	42歲	二月與道安籌鑄丈六釋迦像。秦王苻堅遣使送道安外國佛像、彌勒佛像。宗炳生，小慧遠四十歲。
孝武帝太元元年丙子（376 年）	43歲	十二月丈六佛像成。慧遠爲作《晉襄陽丈六金像頌》。是年四月，釋慧常自涼州寄至竺法護等譯首楞嚴經、須賴經。五月光讚般若經續至。道安撰《合放光光讚隨略解》。
孝武帝太元二年丁丑（377 年）	44歲	周續之生，小慧遠四十三歲。
孝武帝太元三年戊寅（378 年）	45歲	二月秦將苻丕寇襄陽，道安命徒衆分散。慧遠與弟慧持、同學曇徽，及弟子數十人離襄陽南避，至荊州上明寺。
孝武帝太元四年乙卯（379 年）	46歲	二月秦軍陷襄陽城，道安等被獲。
孝武帝太元五年庚辰（380 年）	47歲	
孝武帝太元六年辛巳（381 年）	48歲	
孝武帝太元七年壬午（382 年）	49歲	道安赴秦都長安。
孝武帝太元八年癸未（383 年）	50歲	慧遠欲踐與同學慧永結居羅浮山舊約，與弟慧持離上明寺南下。至江州潯陽，見廬山清靜，慧永亦在山，遂止於龍泉精舍。是年秦將呂光討西域並迎鳩摩羅什。僧伽提婆至秦長安。釋僧徹生。

孝武帝太元九年甲申 (384 年)	51歲	二月桓伊爲江州刺史。桓伊依慧永言爲慧遠在西林寺之東建東林寺。
孝武帝太元十年乙酉 (385 年)	52歲	二月八日道安圓寂於秦長安五級寺。收弟子釋曇邕。謝靈運生，小慧遠五十歲。
孝武帝太元十一年丙戌 (386 年)	53歲	東林寺成。慧遠自是居東林寺。雷次宗生。僧伽提婆與法和自秦長安至洛陽譯經。
孝武帝太元十二年丁亥 (387 年)	54歲	竺法汰圓寂於京都瓦宮寺。
孝武帝太元十三年戊子 (388 年)	55歲	
孝武帝太元十四年己丑 (389 年)	56歲	
孝武帝太元十五年庚寅 (390 年)	57歲	
孝武帝太元十六年辛卯 (391 年)	58歲	僧伽提婆自洛陽來。慧遠請僧伽提婆重譯法勝《阿毘曇心論》、山賢僧伽先《三法度論》。由道慈筆受。譯成，慧遠爲之序。是年收弟子釋道敬。
孝武帝太元十七年壬辰 (392 年)	59歲	冬十一月，殷仲堪由黃門侍郎出爲荊州刺史，來山謁慧遠，與遠談易。是年慧遠以禪經律藏多未備，命弟子支法領、法淨等赴天竺尋經典。
孝武帝太元十八年癸巳 (393 年)	60歲	秋戴逵來書，寄所作《釋疑論》，以爲業報之談只是勸教方便之言。周續之見書，作《難釋疑論》代慧遠作覆。逵來書再辯。
孝武帝太元十九年甲午 (394 年)	61歲	慧遠覆戴逵書，示以周續之《重難戴逵書》並附己所作《三報論》。
孝武帝太元二十年乙未 (395 年)	62歲	戴逵卒。慧遠復作《明報應論》申述業報之說。
孝武帝太元二十一年丙申 (396 年)	63歲	弟慧持送姑道儀尼邁經京師。
安帝隆安元年丁酉 (397 年)	64歲	僧伽提婆離山往京師，與慧持等重譯增一阿含經、中阿含經。竺道生來山。

安帝隆安二年戊戌 (398年)	65歲	桓玄軍經廬山，要慧遠出見。遠稱疾不行。玄自入山出言問難，及見慧遠不覺致敬。出山後謂左右曰：實乃生所未見。是年收弟子釋僧徹。
安帝隆安三年己亥 (399年)	66歲	桓玄欲延致慧遠，來書勸遠罷道，慧遠覆拒。十二月桓玄發兵襲江陵，殷仲堪被害。是年慧遠弟慧持往成都。孫恩、盧循奉五斗米道沿海作亂。
安帝隆安四年庚子 (400年)	67歲	夏與徒衆三十餘人遊石門，爲廬山詩，諸同遊爲和詩。司徒王謐修書致敬，慧遠覆書勉勵修行。
安帝隆安五年辛丑 (401年)	68歲	十二月二十日鳩摩羅什自涼州至長安。
安帝元興元年壬寅 (402年)	69歲	二月鳩摩羅什譯阿彌陀經。桓玄發兵入京師，三月改元大亨，自爲太尉。桓玄欲汰洗僧衆，衆情惶惑，來書問慧遠意見。慧遠去書論料簡沙門得失。桓玄依然下令汰洗，但令僚屬：廬山道德所居，不在搜簡之列。四月桓玄倡議沙門敬拜王者，與八座書討論事宜。八座桓謙等勸阻。桓玄致書慧遠並附八座書。慧遠覆書反對敬拜。王謐亦與桓玄往復書論敬拜事。七月二十八日慧遠與劉遺民，周續之，宗炳等百二十三人集於廬山般若臺精舍阿彌陀像前，共誓往生西方。是年劉裕討孫恩，恩敗死，餘衆奉盧循爲主。
安帝元興二年癸卯 (403年)	70歲	十二月，桓玄稱帝於京師建康，國號楚。晉安帝被廢，遷於潯陽。
安帝元興三年甲辰 (404年)	71歲	劉裕、何無忌等率兵討玄。玄敗走潯陽，挾安帝西奔江陵，再奔漢中，途中被殺。慧遠感於桓玄令沙門敬拜前事，特著《沙門不敬王者論》五篇並序，究敍己意。約於是年慧遠得姚嵩書，知鳩摩羅什在長安，乃致書通好。鳩摩羅什遣使贈衣裁法物。秦主姚興欽慧遠德風，遣使贈以龜茲國細縷雜變像，又令姚嵩獻珠像。
安帝義熙元年乙巳 (405年)	72歲	安帝將自江陵返建康，何無忌勸遠出山觀帝，遠稱疾不行。安帝遣使勞問。與鳩摩羅什通書並互贈偈句。羅什讀慧遠所著《法性論》，嘆其暗與理合。十二月二十七日羅什譯出百卷《大智度論》，請慧遠作序。遠以論文繁廣不便初學，刪抄爲二十卷，爲之

		序。此後慧遠多次書問大乘大義數十條，今存十八章，集爲《大乘大義章》。曇摩流支至長安，遠使曇邕請重譯十誦律。
安帝義熙二年丙午（406 年）	73歲	何無忌都督江荆二州，加封鎮南將軍，作鎮潯陽，爰集虎溪，請慧遠及慧永共敍。何著《難袒服論》致遠，遠修書作答並著《沙門袒服論》。
安帝義熙三年丁未（407 年）	74歲	
安帝義熙四年戊申（408 年）	75歲	竺道生自長安南歸，以僧肇著《般若無知論》示劉遺民。遺民以論呈慧遠，共披尋玩味。佛馱跋陀羅至長安。
安帝義熙五年己酉（409 年）	76歲	劉遺民致書僧肇，于般若無知論有所咨難，並附慧遠念佛三昧詩集序。
安帝義熙六年庚戌（410 年）	77歲	八月肇得劉書，作答，並遣所註維摩詰經。是年盧循乘劉裕北伐，兵下江州。循父瑕少與慧遠同爲書生，乃入山謁遠道舊。劉裕南返討盧循，循敗死交州。裕聞遠接見盧循事，不以爲忤，且齎書致敬並遺錢餉。
安帝義熙七年辛亥（411 年）	78歲	佛馱跋陀羅被擯出長安，至廬山。慧遠請譯《修行方便禪經》並爲之序。遠又使弟子曇邕往長安，致書姚興及關中象僧代爲釋辯。
安帝義熙八年壬子（412 年）	79歲	法顯於是年携六卷泥洹並諸梵經自天竺返國。遠聞法顯在西域山中見佛影，遂於廬山建龕室，請畫工寫佛影畫，又使弟子道秉往邀謝靈運爲制銘文以充刊刻。佛影銘成，慧遠爲之序。佛馱跋陀羅離廬山到荆州，後往建康道場寺與法顯譯經。
安帝義熙九年癸丑（413 年）	80歲	鳩摩羅什卒於長安。
安帝義熙十年甲寅（414 年）	81歲	
安帝義熙十一年乙卯 (415 年)	82歲	雖老，講經不輟。弟子漸有離去者。
安帝義熙十二年丙辰 (416 年)	83歲	八月初卒於廬山東林寺，年八十三。潯陽太守阮侃於山西嶺鑿壙開塚。謝靈運爲造碑文。宗炳立碑寺門。

附錄三　參考書目

（ 1 ）　資治通鑑

（ 2 ）　晉書

（ 3 ）　宋書

（ 4 ）　周易

（ 5 ）　老子

（ 6 ）　莊子

（ 7 ）　弘明集

（ 8 ）　廣弘明集

（ 9 ）　大藏經。大正版。新文豐印行。

（10）　劉義慶　世說新語

（11）　石峻等編　現代佛學大系。卷四，卷三十三。彌勒出版。

（12）　張曼濤編　現代佛教學術叢刊，卷六十五、六十六、六十八。大乘
文化。

（13）　張曼濤　涅槃思想研究。大乘文化。民國七十年。

（14）　藍吉富編　世界佛學名著譯叢。卷六十四、六十五、六十六。華宇。

（15）　中村元　中國佛教發展史。天華。民國七十三年。

（16）　中村元　印度思想。幼獅文化。民國七十三年。

（17）　木村英一編　慧遠研究（上下篇）。京都大學出版。

（18）　勞思光　中國哲學史。友聯。民國七十四年。

（19）　徐復觀　兩漢思想史卷二。學生。民國六十八年。

（20）　韋政通　中國思想史。大林文化。民國六十八年。

（21）　韋政通　董仲舒。東大。民國七十五年。

(22) 湯用彤　漢魏兩晉南北朝佛教史，北京中華。1981。

(23) 呂澂　中國佛學源流略講。北京中華。1979。

(24) 任繼愈編　中國佛教史。中國社會科學出版。1981。

(25) 侯外廬　中國思想通史。人民出版社。1980。

(26) 北京中國佛教協會編　中國佛教。知識出版社。1981。

(27) 呂思勉　兩晉南北朝史。上海古籍。1983。

(28) Chandradhar Sharm: *A Critical Survey of Indian Philosophy* Motila Banarsidass 出版。1976。

(29) Romila Thaper: *A History of India* (1) Penguin Books。 1966。

(30) Chatterjee SC 著，李志夫譯　印度哲學導論。幼獅文化。民國 七十一年。

(31) D. J. Kalupahana 著，陳銚鴻譯。 佛教哲學——一個歷史的分 析。佛教法住學會出版。1983。

(32) 方立天　慧遠及其佛學。中國人民大學出版。1984。

(33) 方立天　魏晉南北朝佛教論叢。北京中華。1984。

(34) 黃懺華　佛教各宗大綱。天華。民國六十九年。

(35) 錢穆　靈魂與心。聯經。民國七十年。

(36) 余英時　中國知識階層史論：上古編，聯經。民國六十九年。

(37) 何啓民　魏晉思想與談風。學生。民國七十一年。

(38) 霍韜晦　佛教的現代智慧。佛教法住學會出版。1982。

(39) 唐端正　先秦諸子論叢續篇。東大。民國七十二年。

(40) 孫廣德　晉南北朝唐俗佛道爭論中之政治課題。中華。民國六十一 年。

(41) 燕國材　漢魏六朝心理思想研究。湖南人民。1984。

(42) 陳垣　中國佛教史籍概論。北京中華。1977。

索 引

二　十　劃

覺賢（見佛馱跋陀羅）

世界哲學家叢書（一）

書　　　　　名	作　　　者	出　版　狀　況
孔　　　　　子	韋　政　通	已　　出　　版
孟　　　　　子	黃　俊　傑	已　　出　　版
荀　　　　　子	趙　士　林	已　　出　　版
老　　　　　子	劉　笑　敢	已　　出　　版
莊　　　　　子	吳　光　明	已　　出　　版
墨　　　　　子	王　讚　源	已　　出　　版
公　孫　龍　子	馮　耀　明	已　　出　　版
韓　　　　　非	李　甦　平	已　　出　　版
淮　　南　　子	李　　　增	已　　出　　版
董　　仲　　舒	韋　政　通	已　　出　　版
揚　　　　　雄	陳　福　濱	已　　出　　版
王　　　　　充	林　麗　雪	已　　出　　版
王　　　　　弼	林　麗　真	已　　出　　版
郭　　　　　象	湯　一　介	已　　出　　版
阮　　　　　籍	辛　　　旗	已　　出　　版
劉　　　　　勰	劉　綱　紀	已　　出　　版
周　　敦　　頤	陳　郁　夫	已　　出　　版
張　　　　　載	黃　秀　璣	已　　出　　版
李　　　　　覯	謝　善　元	已　　出　　版
楊　　　　　簡	鄭　曉　江 李　承　貴	已　　出　　版
王　　安　　石	王　明　蓀	已　　出　　版
程顥、程頤	李　日　章	已　　出　　版
胡　　　　　宏	王　立　新	已　　出　　版
朱　　　　　熹	陳　榮　捷	已　　出　　版
陸　　象　　山	曾　春　海	已　　出　　版

世界哲學家叢書（二）

書　　　　名	作　　者	出　版　狀　況
王　　廷　　相	葛　榮　晉	已　　出　　版
王　　陽　　明	秦　家　懿	已　　出　　版
李　　卓　　吾	劉　季　倫	已　　出　　版
方　　以　　智	劉　君　燦	已　　出　　版
朱　　舜　　水	李　甦　平	已　　出　　版
戴　　　　震	張　立　文	已　　出　　版
竺　　道　　生	陳　沛　然	已　　出　　版
慧　　　　遠	區　結　成	已　　出　　版
僧　　　　肇	李　潤　生	已　　出　　版
吉　　　　藏	楊　惠　南	已　　出　　版
法　　　　藏	方　立　天	已　　出　　版
惠　　　　能	楊　惠　南	已　　出　　版
宗　　　　密	冉　雲　華	已　　出　　版
永　明　延　壽	冉　雲　華	已　　出　　版
湛　　　　然	賴　永　海	已　　出　　版
知　　　　禮	釋　慧　岳	已　　出　　版
嚴　　　　復	王　中　江	已　　出　　版
康　　有　　為	汪　榮　祖	已　　出　　版
章　　太　　炎	姜　義　華	已　　出　　版
熊　　十　　力	景　海　峰	已　　出　　版
梁　　漱　　溟	王　宗　昱	已　　出　　版
殷　　海　　光	章　　　清	已　　出　　版
金　　岳　　霖	胡　　　軍	已　　出　　版
張　　東　　蓀	張　耀　南	已　　出　　版
馮　　友　　蘭	殷　　　鼎	已　　出　　版

世界哲學家叢書（三）

書　　　　　名	作　　者	出　版　狀　況
牟　　宗　　三	鄭　家　棟	已　　出　　版
湯　　用　　彤	孫　尚　揚	已　　出　　版
賀　　　　　麟	張　學　智	已　　出　　版
商　　羯　　羅	江　亦　麗	已　　出　　版
辨　　　　　喜	馬　小　鶴	已　　出　　版
泰　　戈　　爾	宮　　靜	已　　出　　版
奧羅賓多·高士	朱　明　忠	已　　出　　版
甘　　　　　地	馬　小　鶴	已　　出　　版
尼　　赫　　魯	朱　明　忠	已　　出　　版
拉達克里希南	宮　　靜	已　　出　　版
李　　栗　　谷	宋　錫　球	已　　出　　版
空　　　　　海	魏　常　海	已　　出　　版
道　　　　　元	傅　偉　勳	已　　出　　版
山　鹿　素　行	劉　梅　琴	已　　出　　版
山　崎　闇　齋	岡　田　武　彥	已　　出　　版
三　宅　尚　齋	海老田輝巳	已　　出　　版
貝　原　益　軒	岡　田　武　彥	已　　出　　版
荻　生　徂　徠	王　祥　齡 劉　梅　琴	已　　出　　版
石　田　梅　岩	李　甦　平	已　　出　　版
楠　本　端　山	岡　田　武　彥	已　　出　　版
吉　田　松　陰	山　口　宗　之	已　　出　　版
中　江　兆　民	畢　小　輝	已　　出　　版
蘇格拉底及其先期哲學家	范　明　生	排　　印　　中
柏　　拉　　圖	傅　佩　榮	已　　出　　版
亞　里　斯　多　德	曾　仰　如	已　　出　　版

世界哲學家叢書（四）

書　　　　　名	作　　　者	出　版　狀　況
伊　壁　鳩　魯	楊　　　適	已　　出　　版
愛　比　克　泰　德	楊　　　適	已　　出　　版
柏　　羅　　丁	趙　敦　華	已　　出　　版
伊　本・赫　勒　敦	馬　小　鶴	已　　出　　版
尼　古　拉・庫　薩	李　秋　零	已　　出　　版
笛　　卡　　兒	孫　振　青	已　　出　　版
斯　賓　諾　莎	洪　漢　鼎	已　　出　　版
萊　布　尼　茨	陳　修　齋	已　　出　　版
牛　　　　　頓	吳　以　義	已　　出　　版
托　馬　斯・霍　布　斯	余　麗　嫦	已　　出　　版
洛　　　　　克	謝　啓　武	已　　出　　版
休　　　　　謨	李　瑞　全	已　　出　　版
巴　　克　　萊	蔡　信　安	已　　出　　版
托　馬　斯・銳　德	倪　培　民	已　　出　　版
梅　　里　　葉	李　鳳　鳴	已　　出　　版
狄　　德　　羅	李　鳳　鳴	已　　出　　版
伏　　爾　　泰	李　鳳　鳴	已　　出　　版
孟　德　斯　鳩	侯　鴻　勳	已　　出　　版
施　萊　爾　馬　赫	鄧　安　慶	已　　出　　版
費　　希　　特	洪　漢　鼎	已　　出　　版
謝　　　　　林	鄧　安　慶	已　　出　　版
叔　　本　　華	鄧　安　慶	已　　出　　版
祁　　克　　果	陳　俊　輝	已　　出　　版
彭　　加　　勒	李　醒　民	已　　出　　版
馬　　　　　赫	李　醒　民	已　　出　　版

世界哲學家叢書（五）

書　　　　　名	作　　　者	出　版　狀　況
迪　　　　　昂	李　醒　民	已　　出　　版
恩　格　斯	李　步　樓	已　　出　　版
馬　克　思	洪　鎌　德	已　　出　　版
約　翰　彌　爾	張　明　貴	已　　出　　版
狄　爾　泰	張　旺　山	已　　出　　版
弗　洛　伊　德	陳　小　文	已　　出　　版
史　賓　格　勒	商　戈　令	已　　出　　版
韋　　　　　伯	韓　水　法	已　　出　　版
雅　斯　培	黃　　藿	已　　出　　版
胡　塞　爾	蔡　美　麗	已　　出　　版
馬克斯・謝勒	江　日　新	已　　出　　版
海　德　格	項　退　結	已　　出　　版
高　達　美	嚴　　平	已　　出　　版
盧　卡　奇	謝　勝　義	已　　出　　版
哈　伯　馬　斯	李　英　明	已　　出　　版
榮　　　　　格	劉　耀　中	已　　出　　版
皮　亞　傑	杜　麗　燕	已　　出　　版
索　洛　維　約　夫	徐　鳳　林	已　　出　　版
費　奧　多　洛　夫	徐　鳳　林	已　　出　　版
別　爾　嘉　耶　夫	雷　永　生	已　　出　　版
馬　賽　爾	陸　達　誠	已　　出　　版
阿　圖　色	徐　崇　溫	已　　出　　版
傅　　　　　科	于　奇　智	已　　出　　版
布　拉　德　雷	張　家　龍	已　　出　　版
懷　特　海	陳　奎　德	已　　出　　版

世界哲學家叢書（六）

書　　　　　名	作　　者	出　版　狀　況
愛　因　斯　坦	李　醒　民	已　　出　　版
皮　　爾　　遜	李　醒　民	已　　出　　版
玻　　　　　爾	戈　　革	已　　出　　版
弗　　雷　　格	王　　路	已　　出　　版
石　　里　　克	韓　林　合	已　　出　　版
維　根　斯　坦	范　光　棣	已　　出　　版
艾　　耶　　爾	張　家　龍	已　　出　　版
奧　　斯　　丁	劉　福　增	已　　出　　版
史　　陶　　生	謝　仲　明	已　　出　　版
馮　·　賴　特	陳　　波	已　　出　　版
赫　　　　　爾	孫　偉　平	已　　出　　版
愛　　默　　生	陳　　波	已　　出　　版
魯　　一　　士	黃　秀　璣	已　　出　　版
普　　爾　　斯	朱　建　民	已　　出　　版
詹　　姆　　士	朱　建　民	已　　出　　版
蒯　　　　　因	陳　　波	已　　出　　版
庫　　　　　恩	吳　以　義	已　　出　　版
史　蒂　文　森	孫　偉　平	已　　出　　版
洛　　爾　　斯	石　元　康	已　　出　　版
海　　耶　　克	陳　奎　德	已　　出　　版
喬　姆　斯　基	韓　林　合	已　　出　　版
馬　克　弗　森	許　國　賢	已　　出　　版
尼　　布　　爾	卓　新　平	已　　出　　版
呂　　格　　爾	沈　清　松	排　　印　　中